Leuenhagen & Paris

1. Auflage November 2008

Gerold/Hänel/Uhlenhut
Lister Meile 39, 30161 Hannover
www.leuenhagen-paris.de

Lektorat:
Friedrich Wilhelm Netzel

Layout:
Jörg Koopmann
www.aktvier.de

Gesamtherstellung:
AALEXX Buchproduktion GmbH
Kokenhorststr. 22
30938 Großburgwedel

ISBN: 978-3-923976-64-5

Gerold / Hänel / Uhlenhut

Die Queen in Hannover kanariengelb oder schottenfarbig?

Nützliche, kuriose und witzige Quizfragen und -antworten über Hannover

Leuenhagen & Paris

Welche Farbe hatte das Kostüm von Queen Elizabeth II., Königin von Großbritannien, das sie anlässlich ihres Hannover-Besuches am 27. Mai 1965 trug?

A
royalblue

B
jagdgrün

C
kanariengelb

D
schottenfarbig

Kanariengelb, mit dazu passendem Hut und entsprechenden Handschuhen. Die Queen zeigte sich an der Seite des niedersächsischen Ministerpräsidenten Dr. Diederichs in einem offenen, schwarzen „Adenauer“-Mercedes 600. In einem zweiten Wagen folgte ihr Gatte Prinz Philip, der Herzog von Edinburgh, mit der Gattin des Ministerpräsidenten. Nachdem die Königin um 17.15 Uhr am Flughafen gelandet war, fuhr sie über die Vahrenwalder Straße, den Niedersachsenring und die Ferdinand-Wallbrecht-Straße zum Lister Platz und über die Bernadotte-Allee zum Zoo. Weitere Stationen waren das historische Leineschloss – der ehemalige Sitz der Könige von Hannover – und das Neue Rathaus. Über die Herrenhäuser Allee ging es schließlich zum Höhepunkt des Besuchs, einem Empfang mit 700 Gästen im Galeriegebäude der Herrenhäuser Gärten, der mit einem Barockfeuerwerk endete.
200.000 Hannoveraner jubelten der Queen zu, als sie sagte: „Für mich ist es eine besondere Freude, Hannover zu sehen.“
Übrigens: Der insgesamt 11-tägige Staatsbesuch war der erste Staatsbesuch der englischen Königin (und der erste eines britischen Staatsoberhauptes) nach dem Krieg überhaupt und mit 500.000 DM auch der bis dahin teuerste in der Geschichte der Bundesrepublik. Der damalige Bundespräsident war Heinrich Lübke. Lübke sprach kein Wort Englisch.

Auf welche Weise machten bereits 1961 ausgerechnet die Beatles Reklame für Hannover?

A
Sie erklärten in einem Interview, Hannover sei schöner als Liverpool

B
Sie wollten den hannoverschen Musiker Dete Kuhlmann als Schlagzeuger verpflichten

C
Sie ließen sich vor einem Eisenbahnwaggon mit dem Schriftzug „Hannover“ fotografieren

D
John Lennon hatte ein uneheliches Kind in Hannover

C

Mit einem (schwarz-weißen) Pressefoto, das sie auf dem Hamburger Güterbahnhof zeigte – vor einem Eisenbahnwaggon mit der Aufschrift „Hugo Haase Hannover“!
Die Beatles waren 1960 zum ersten Mal in Hamburg, sie spielten im „Indra Club“ auf der Reeperbahn, später im „Kaiserkeller“. 1961 traten sie dann im „Star Club“ auf und wurden durch wüste Bühnenauftritte zum Geheimtipp der Großen Freiheit. In Hannover dagegen war zu Beginn der Sechziger Jahre das „Savoy“ im Steintorviertel die Keimzelle der Rockmusik. Oder man ging ins „TC 13“ in Buchholz, in die „Scala“ in Misburg, die „Sonnenwende“ in Döhren, das „Drei Linden“ in Langenhagen, das „Haus der Jugend“ in der Südstadt. Und in den Freizeitheimen Linden, Vahrenwald und Ricklingen war jeden Samstag Abend von 19 bis 23 Uhr „Jugendtanz“ angesagt – mit „Beatmusik“ natürlich. Eintritt eine Mark, Cola fünfzig Pfennig.
Hugo Haase (1857–1933) war ein legendärer Karussellhersteller aus Hannover, er erfand die moderne Achterbahn und die Wasserrutschbahn. Kein Wunder, dass er auch „König der Schausteller“ genannt wurde. Er verkaufte seine Karussells in die ganze Welt. Nach Haases Tod wurde die Firma von seiner Familie bis 1967 weitergeführt.
Übrigens: Ebenso wie die Beatles gibt es auch die Firma Hugo Haase nicht mehr. Dete Kuhlmann allerdings spielt und singt immer noch in verschiedenen Bands.

Welches Pferd hinterließ bei der Fußball-Weltmeisterschaft 2006 in Hannover einen „bleibenden Eindruck“?

A
das Niedersachsenross vor der Leibniz-Universität

B
ein Polizeipferd

C
das Pferd des 1978 tödlich verunglückten hannoverschen Springreiters Hartwig Steenken

D
eines der beiden Zugpferde des historischen Bierwagens der ehemaligen Gilde Brauerei

B

Ein Polizeipferd namens Zar.

Eigentlich war am zweiten WM-Spieltag, als Mexiko gegen Angola in Hannover antrat, alles friedlich. Bis zum frühen Abend gab es keine Zwischenfälle. Der Verkehr lief wohlgeordnet, die Rettungsdienste registrierten nur normale Vorfälle, die Fans, die schon zu Tausenden in der Stadt waren, waren ausgelassen und fröhlich.

Nur Zar suchte sich während seines Einsatzes ausgerechnet die Motorhaube eines Privatautos für eine Verschnaufpause aus und setzte sich auf die Kühlerhaube. Die Reiterin hatte verzweifelt versucht, ihn davon abzuhalten, es war ihr aber nicht gelungen. Motorhaube und linker Kotflügel waren eingedellt und die Polizei musste dem Autobesitzer den Schaden von 750 Euro ersetzten. Ob Zar zur Strafe abends kein Futter bekam, als er dann wieder in seiner Box stand, ist nicht bekannt.

Zar ist eines von 32 Pferden der Polizei-Reiterstaffel, die in den Stallungen der intakt gebliebenen Artilleriekaserne an der Ostseite des Welfenplatzes untergebracht sind. Krawalle, Menschenmengen, das Schwenken von Fahnen, selbst Schüsse können ihn nicht aus der Ruhe bringen, und wahrscheinlich hatte Zar nur genug vom vielen Rumstehen.

Übrigens: Hartwig Steenkens Pferd hieß Simona, die beiden Brauereipferde waren Rosa und Mirza.

Wohin fahren die Züge von Gleis 5 und 6 des Hannoverschen Hauptbahnhofs?

A
über Haste, Bückeburg und Minden nach Bielefeld

B
zum ehemals königlichen Bahnhof der Marienburg in Nordstemmen

C
nach Norddeich-Mole zu den Fährschiffen auf die ostfriesischen Inseln Juist und Norderney

D
nirgendwohin

D

Nirgendwohin! Es gibt keine Bahnsteiggleise mit den Nummern 5 und 6 in Hannover.

Als 1842 in Hannover der Eisenbahnbau begann, reichte als Empfangsgebäude ein schlichter Bretterschuppen. Doch schon zwischen 1876 und 1881 wurde der Bahnhof umfangreich umgebaut, dabei wurden die Gleisanlagen um 4,5 Meter höher gelegt, um den innerstädtischen Verkehr zu entlasten. 1879 entstand ein neues, großartiges Empfangsgebäude, dessen Fassaden heute noch stehen. Die nunmehr sieben Durchgangsgleise (1 bis 4 und 7,8 und 9) erhielten große Überdachungen aus Stahl, zwei Gleise – nämlich die Gleise 5 und 6 – verliefen dazwischen ohne Bahnsteig und ohne Überdachung. Die breite Lücke sollte einem besseren Rauchabzug zwischen den Hallendächern dienen. Hannover war einer der ersten Durchgangsbahnhöfe überhaupt, in den USA wurden solche Bahnhöfe als „Hanover-System“ bekannt.

1909–1911 erweiterte man den Bahnhof um die Gleise 10 und 11. Der Wiederaufbau nach dem Krieg hielt sich an die alte Anlage. Beim großen Umbau zwischen 1970 und 1975 erhielt der Bahnhof zwei weitere Gleise, 13 und 14, dafür entfielen die Gleise 5 und 6.

Übrigens: Die unter dem Bahnhof weiter bis zum Kröpcke verlaufende „Niki-de-St.-Phalle-Promenade“ hieß früher Passerelle, was eigentlich „kleiner Überweg“ bedeutet – was den Hannoveraner aber nicht scherte, weil er im Jargon sowieso „Pisserille“ sagte.

Was in Hannover war orangerot, ist orangerot und wird wohl immer orangerot bleiben?

A
das Hanomag-Kommissbrot im Historischen Museum

B
der Briefkasten vor dem hannoverschen Hauptbahnhof

C
die Eisenkonstruktion der Podbi-Brücke über den Mittellandkanal

D
die Wände des hannoverschen Jazzclubs

D

Die Wände des hannoverschen Jazzclubs, 8 Stufen unter der Erde. Der Jazz-Club wurde 1966 gegründet und befindet sich auf dem Lindener Berg in Linden-Limmer.

Dass viele Stars der Jazz-Szene hier gespielt haben und Hannover zu den Top Ten der Jazzclubs weltweit gehört, ist vor allem dem langjährigen Vorsitzenden des Clubs, Mike Gehrke (1968–2004), zu verdanken. Er holte Count Basie, Duke Ellington, Pat Metheny, Lionel Hampton, Jan Gabarek und andere Größen nach Hannover.

Mike Gehrke war Hannovers „Stadtimagepfleger". Er begründete auch den Flohmarkt, der samstags am Hohen Ufer stattfindet, und ein Straßenkunst-Programm: „Wir wollen die Stadt mit Kunst bepflanzen wie mit Bäumen", dazu gehörte unter anderem 1974 der Ankauf der drei Nanas von Niki de Saint Phalle, die am Leineufer stehen.

„Mr. Jazz", wie Gehrke genannt wurde, war auch Organisator des Festivals „Swinging Hannover". New Orleans ernannte ihn zum Ehrenbürger. Nach seinem Tod kamen 5.000 Trauernde zu einer fröhlichen „Funeral Parade" und Jam-Session zu seinen Ehren zusammen.

Auf der telefonischen Warteschleife der Stadt Hannover kann man immer noch Mike Gehrkes Stimme hören, und aus einem Kanalgully mitten auf der Bahnhofstraße erklingt Dixieland-Jazz.

Übrigens: „Privat" war Gehrke mit einem silbernen englischen Sportwagen der Marke Lotus unterwegs, und das Kommissbrot im Historischen Museum ist nicht rot, sondern grün, der Briefkasten ist natürlich gelb und die Podbibrücke ist genauso grau wie alle anderen Brücken auch.

Wie hieß 1968 der hannoversche Debattierclub in der Nicolaistraße?

A
Nicolai-Club ’68

B
Club Dutschke

C
Club Voltaire

D
Leibniz-Club

C

Club Voltaire in der Nicolaistraße 11.

Der Club wurde wenige Tage nach dem Attentat auf Rudi Dutschke gegründet, um einen Raum für politische Debatten zu haben. Zu den Gründungsmitgliedern gehörten der Politologe Peter Brückner, der spätere Kultusminister Peter von Oertzen, der spätere Oberbürgermeister Herbert Schmalstieg (damals noch bei den Jungsozialisten) und der Kabarettist Dietrich Kittner, der dann in der Folge viermal wöchentlich auf der Bühne im Hinterzimmer mit beißendem Spott über Politiker und Wirtschaftsbosse herzog. Regelmäßig waren auch Kabarettgrößen wie Wolfgang Neuss und Hanns Dieter Hüsch zu Gast, außerdem wurden Spiegel- und Bild-Redakteure eingeladen und ins Kreuzverhör genommen.

Die bevorzugten Drogen waren Bier, Rotwein und Rothhändle, neben Pizza gab es dazu erstmals in Hannover auch überbackenen Camembert.

Der Name des Clubs ging auf eine Voltairebüste zurück, die Kittner als Requisit stiftete – der umstrittene französische Freigeist des 18. Jahrhunderts wachte über die geistige Offenheit des Clubs, in dessen Konferenzraum neben Maoisten und Rudolf-Steiner-Anhängern auch der „Arbeitskreis demokratische Polizisten“ tagte.

Übrigens: Weil der Laden gut lief, wurde DKP-Mitglied Kittner von den Anhängern des SDS als „Kapitalist“ beschimpft – und der Club nach nur 18 Monaten schon wieder geschlossen.

Aus welchem Grund hielt sich Karl Marx 1867 in Hannover auf?

A
Er besuchte einen alten Freund in Hannover

B
Er hielt eine Rede auf dem Marktplatz vor dem Alten Rathaus

C
Er saß in Hannover im Gefängnis

D
Er arbeitete in der „Mechanischen Weberei“ in Linden

A

Marx besuchte einen Freund, den hannoverschen Arzt Louis Kugelmann.

Kugelmann sollte sich um die Verbreitung der Schriften von Marx und Engels kümmern, vor allem sollte er Rezensionen in der bürgerlichen Presse unterbringen. Kugelmann stammte aus einer jüdischen Familie, 1848 beteiligte er sich an der Revolution, studierte anschließend Medizin, schloss sich dem Bund der Kommunisten an und geriet unter politische Beobachtung. 1854 ließ er sich in Hannover als Arzt nieder. Von Generalpolizeidirektor Wermuth als „Demokrat" abgestempelt, musste er seine Tätigkeit als Fabrikarzt bei der „Mechanischen Weberei" in Hannover-Linden einstellen. Kugelmann war auch Mitglied der Ersten Internationale und später der SPD. Sein Grab befindet sich auf dem Jüdischen Friedhof An der Strangriede.

Marx war aus London angereist. Sein Aufenthalt in Hannover dauerte vier Wochen, weil sich die Lieferung der Korrekturbögen vom 1. Band des „Kapitals" verzögerte, die ihm aus Hamburg zugesandt werden sollten.

Übrigens: Über Hannover schrieb Marx an seine Tochter Laura: „Es gibt hier die verschiedensten Parks, viel geschmackvoller angelegt als irgendwelche in London, wo jeden Abend gute Musik gemacht wird (...) Natürlich hat die ganze Sache einen großen Nachteil – die Atmosphäre ist zum Bersten langweilig, das Lebensniveau zu niedrig."

Trotzdem besuchte Marx Hannover 1869 ein zweites Mal.

Welche „dicken Freunde“ trafen sich an einem 7. April in Hannover zum Krökeln mit dem damaligen Bundeskanzler Gerhard Schröder?

A
Götz von Fromberg, Sigmar Gabriel, Günter Papenburg, Carsten Maschmeyer, Heinz Rudolf Kunze

B
Götz von Fromberg, Wladimir Putin, Harald Schmidt, Dirk Bach, Gunter Gabriel

C
Götz von Fromberg, Ernst August von Hannover, Fritz Willig, Günther Jauch, Dieter Bohlen

D
Götz von Fromberg, Sigmar Gabriel, Thomas Gottschalk, Karl Dall, Klaus Meine

Es trafen sich Götz von Fromberg (ein hannoverscher Anwalt), Sigmar Gabriel (damals Ministerpräsident von Niedersachsen), TV-Moderator Thomas „Haribo“ Gottschalk, Scorpions-Sänger Klaus Meine und Alt-Blödelbarde Karl Dall. Von Fromberg fungierte dabei als Gastgeber, Anlass des Treffens war Schröders Geburtstag.
Laut Berichterstattung in der HAZ sollen die Herren an diesem Abend auch noch geflippert, alte Stones-Platten gehört und etliche Havannas geraucht haben (für alle Nicht-Hannoveraner: „Krökeln“ sagt man in Hannover zu dem gemeinhin als „Kicker“ oder „Tischfußball“ bekannten Spiel).
Ob oder was es zu essen gab, ist nicht bekannt. Allerdings mag Schröder nach eigener Aussage gern Dorade, während Doris Schröder-Köpf, seine vierte Ehefrau, Seezunge bevorzugt. Und früher fuhr Schröder angeblich manchmal für eine Currywurst extra bis zur Autobahnraststätte Wülferode, noch früher bestellte er seine „Curry Pommes“ regelmäßig bei Plümecke in der Liststadt.
Übrigens: Der russische Ex-Präsident Wladimir Putin gehört tatsächlich zu den FROGS („friends of Gerd“), ebenso wie der Bauunternehmer Günter Papenburg, während Heinz Rudolf Kunze sich lieber mit Christian Wulff (Ministerpräsident von Niedersachsen) trifft.

Was hat Hannover mit dem Kultfilm „Easy Rider“ zu tun?

A
Dennis Hopper war Ehrenmitglied der hannoverschen Hells Angels

B
Die Reifen der Motorräder von Peter Fonda und Dennis Hopper waren Sonderanfertigungen der Continental Fa-brik in Hannover

C
Einige Stuntszenen des Films wurden auf dem Nienstedter Pass im Deister gedreht

D
Der Sänger des Easy-Rider-Songs „Born to be Wild“ war ein ehemaliger Schüler der Waldorf-Schule am Maschsee

D

John Kay, der Sänger der kanadischen Band Steppenwolf, kam tatsächlich aus Hannover. Er wurde am 12. April 1944 in Tilsit (Ostpreußen) geboren, nach dem Krieg flüchtete seine Mutter mit dem vierjährigen Sohn zunächst nach Thüringen, 1949 dann nach Hannover. Joachim Fritz Krauledat, wie Kay damals noch hieß, wohnte in der Kronenstraße 37 und war Schüler der Waldorf-Schule am Maschsee, die Mutter arbeitete in der 40 Quadratmeter großen Wohnung im 3. Stock als Änderungsschneiderin. Schon damals bastelte sich der kleine Joachim eine elektrische Gitarre, die aussah wie die weiße Gibson von Elvis, allerdings nur aus einer Hartfaserplatte gesägt war.

1958 wanderten Mutter und Sohn nach Kanada aus. Aus Joachim wurde John, aus dem Anfangsbuchstaben des Nachnamens einfach ein neuer Name: Kay. 1967 gründete John Kay die Band Steppenwolf, 1969 landete Steppenwolf mit „Born to Be Wild" einen Welthit.

Übrigens: Bereits in Hannover trug Kay immer eine dunkle Brille, er war extrem lichtempfindlich, kurzsichtig und farbenblind. Heute lebt er in der Nähe von Vancouver und hat vor kurzem erst eine Solo-CD veröffentlicht. Motorrad gefahren ist er nach eigener Aussage nie.

Wann griffen zum ersten Mal in Hannovers Polizeigeschichte rund 200 Jugendliche mehrere Streifenwagen mit Steinen an?

A
während der „Chaos-Tage“ in der Nordstadt

B
während der „Rote-Punkt-Aktion“ in der Innenstadt

C
während der „Halbstarken-Krawalle“ in der Liststadt

D
während der Studentenunruhen vor der Universität

C

Am 13. August 1956 hatten sich mit Totschlägern und Schlagstöcken bewaffnete Jugendliche am Bonifatiusplatz in der List mit dem Ziel getroffen, „die Polizei zu vertrimmen“. Grund für den Aufstand war das wiederholte Vorgehen der Polizei gegen die so genannten „Moped-Knatterer“. Acht der jugendlichen „Halbstarken“ wurden festgenommen, am späten Abend waren die öffentliche Sicherheit und Ordnung wiederhergestellt. Auch in den Monaten davor war es bereits zu „Halbstarken-Krawallen“ gekommen. Als Halbstarke sah die Polizei männliche Jugendliche mit „verrückter Kleidung“ an, die durch Auftreten in Gruppen, lautstarkes Mopedfahren, Belästigung von Passanten, Provozieren von Autofahrern und Beleidigungen und Drohungen gegenüber Polizeibeamten auffielen. Sie waren zwischen 16 und 20 Jahre alt und trafen sich mit Vorliebe auf Plätzen wie dem „Boni“ oder dem „Molle“ (Moltkeplatz) um gegen „Spießer“ und „Uniformierte“ vorzugehen.
Übrigens: Drei Jahre zuvor hatte die Polizei ausgerechnet am Himmelfahrtstag schon Wasserwerfer eingesetzt. Auslöser waren angetrunkene Jugendliche, die im Bahnhofsbrunnen ihre Füße badeten. Es sammelte sich eine Menschenmenge, die in kurzer Zeit auf über 10.000 Personen anwuchs, das Ganze eskalierte in einer Schlägerei zwischen Einsatzpolizei, Passanten und Halbstarken. – Die heftigsten „Chaos-Tage“ fanden allerdings erst 1995 statt, die Studentenunruhen waren 1967/68, die Rote-Punkt-Aktion war 1969.

Welche hannoversche „Kneipe“ wurde 2007 vom Londoner „Guardian“ in die Liste der besten Bars Europas aufgenommen?

A
„Plümecke“ in der Vossstraße

B
Irish Pub „Celtic Tiger“ an der Hamburger Allee

C
English Pub „Jack the Ripper“ am Kröpcke

D
„Harry’s New York Bar“ im Pelikan-Viertel

A

Die hannoversche Gaststätte Plümecke gehört zu den „Best Bars in Europe“: Ein klassisches „German Pub“, lobt die Londoner Zeitung, mit „local beer“ (Herrenhäuser Pils) und „delicious pub classics such as currywurst“. Die Currywurst hat auch schon Ex-Kanzler Gerhard Schröder zu schätzen gewusst, Pommes und Frikadellen werden kaum weniger gelobt. Die Gaststätte, die nur werktags geöffnet hat, ist spätestens ab 18 Uhr gerammelt voll. „Plümecke“ ist Treffpunkt von Leuten aus allen Schichten und Berufsgruppen, die Möblierung ist seit Jahrzehnten unverändert, man kriegt seinen Platz an einem der langen Holztische zugewiesen, die Gäste werden ausnahmslos geduzt, bezahlt wird am Ende des Abends an der Theke nach Anzahl der Striche auf dem Bierdeckel. Dort wacht seit Beginn der Neunziger Jahre der Gastwirt Hans Röhl über die Zapfhähne, genauso lange kennen Gattin Brigitte und das Plümecke-Team auch die meisten ihrer Stammgäste.
Übrigens: Angeblich datiert eine erste Erwähnung der Kult-Kneipe aus der Zeit der Weimarer Republik – als bekannter Treffpunkt kommunistischer und anarchistischer Arbeiter. In den 1970er Jahren war sie beliebter Treffpunkt der hannoverschen Jungsozialisten. Und später probte im Keller die „Plümecke-Band“, eine Rokkband von Lehrern der benachbarten Ricarda-Huch-Schule, die sogar eine CD veröffentlichten: „Headmaster’s Delight“.

Was war 1972 Anlass für die Gründung der Glockseeschule?

A

Im alten Fuhramtsdepot in der Glockseestraße sollten zukünftige Straßenbahnfahrer ausgebildet werden

B

Die Bürgerinitiative „Aktion kleine Klasse" mit Soziologieprofessor Oskar Negt wollte eine Schule mit neuen pädagogischen Konzepten

C

Der spätere Zoo-Direktor Klaus-Michael Machens wollte eine Grundschule nach dem Vorbild der „Tierschule" im Affenhaus

D

Die Schulbehörde plante, als einmaliges Experiment, Kinder keine Ordnung zu lehren, um zu sehen, was dann passieren würde

B

1972 wurden in einer herkömmlichen Grundschulklasse bis zu 40 Kindern unterrichtet, dagegen formierte sich die Bürgerinitiative „Aktion kleine Klasse“: Junge Lehrer und engagierte Eltern aus der Kinderladen-Bewegung gründeten gemeinsam mit dem hannoverschen Soziologieprofessor Oskar Negt an der Glockseestraße eine Schule ohne Zwang und ohne Noten. Das pädagogische Programm wurde von Eltern, Lehrern und Wissenschaftlern gemeinsam diskutiert und erarbeitet. „1968 ging es darum, die Gesellschaft zu verändern. Wir wollten die Schule verändern“, sagt Schulleiter Dieter Hermann. „Es geht nicht darum, Wissen zu pauken, sondern Zusammenhänge herzustellen.“

Die Glockseeschule ist Deutschlands erstes und ältestes Alternativ-Schulmodell nach den Vorstellungen der antiautoritären Bewegung. 1986 zog die Schule nach Döhren, heute ist sie staatlich anerkannte Ganztagsschule mit 220 Kindern und 20 Lehrern, alle Abschlüsse nach Klasse 10 können dort erworben werden.

Übrigens: Zoo-Direktor Klaus-Michael Machens dürfte die Modellschule als damaliges Mitglied der Jungen Union und „Kämpfer gegen die Linken“ eher nicht so zu schätzen gewusst haben – und die Schulbehörde warf der Bürgerinitiative zunächst vor, „Menschenexperimente“ zum Angriff auf die bestehende Schulordnung zu machen.

An wen erinnert ein Denkmal neben der Gottfried Wilhelm Leibniz Bibliothek?

A
an einen Bibelkundigen

B
an einen Bademeister

C
an einen Bibliothekar

D
an einen Bruchmeister

B

An der Ecke Waterloostraße/Bruchmeisterallee erinnert ein Sandstein-Denkmal an keinen Bruchmeister, sondern an den Schwimmmeister Diederich Heinrich Schrader. Der 1801 geborene Schrader wurde zwar nur 45 Jahre alt, rettete aber während seiner Tätigkeit als Badeaufseher einer hannoverschen Flussbadeanstalt an der Ihme während seiner knapp 30jährigen Dienstzeit insgesamt 560 Menschen vor dem Tod durch Ertrinken. Das war schon 1849 denkmalwürdig. Das Denkmal wurde von J. K. Hartmann gestaltet. Es zeigt ein Kopfrelief Schraders, einen Obelisken und die Inschrift „Mit diesem Denkmal ehrt das Volk die Berufstreue eines seiner Mitbürger. DLX Menschen verdanken ihm ihre Rettung aus Todesgefahr.“ Das Denkmal steht unmittelbar neben der Landesbibliothek, die seit 2005 Gottfried Wilhelm Leibniz Bibliothek heißt. Sie geht auf die 1665 begründete Hofbibliothek zurück und ist seit 1737 Pflichtexemplar-Bibliothek. Der Bestand umfasst derzeit 1.600.000 Medieneinheiten, in der Mehrzahl Bücher. Dennoch gibt es hier kein Denkmal für einen verdienstvollen Bibliothekar.

Übrigens: In Hannover gab es bis Mitte des 20. Jahrhunderts etliche Flussbadeanstalten, an der Ihme allein vier. Und auch das hundert Meter lange Nichtschwimmerbecken des Lister Bades war bis Ende der 1960er Jahre noch mit ungechlortem Wasser gefüllt – die Badenden waren nur durch eine Spundwand vom Mittellandkanal getrennt.

Welche hannoversche „Bausünde“ wurde mit einem eigens zur Grundsteinlegung komponierten Marsch gefeiert?

A
das Ihme-Zentrum

B
das Kröpcke-Center

C
das Bredero-Hochhaus

D
der Neubau der Nord-LB am Aegi

B

Anlässlich der Grundsteinlegung für das Kröpcke-Center am 16. Juni 1972 komponierte der Leiter der „Studio Hannover Marschband", Hans Döpke, den „Kröpcke-Center-Marsch. Gespielt wurde der Marsch von der „Band of the First Battalion The Royal Green Jackets" unter der Leitung von Bandmaster McTomney, zum Richtfest am 3. Dezember 1974 erschien die Musik dann auch als Single, passend im schlichten betongrauen Papiercover, mit einem Bild vom Architekturmodell des Kröpcke-Centers auf der Vorderseite – herausgegeben von der „Hannover Center am Kröpcke GmbH & Co KG".

Bis heute gilt der 51 Meter hohe Betonklotz über dem als „Kröpcke-Loch" bekannten Einstieg zur U-Bahn-Station als eine von Hannovers größten Bausünden – gleich nach dem Ihmezentrum. Noch in der Planungsphase 1970 als „Gesamtkunstwerk" vom Stadtplanungsamt gefeiert und von Stadtplaner Hanns Adrian als „einmalige Chance" gesehen, „modernen Entwicklungen Raum zu geben", geriet das Kröpcke-Center sehr schnell erst in die Kritik, dann in finanzielle Nöte. Und die Hannoveraner müssten nun „nicht nur zahlen", sondern auch „optisch duldend das ertragen", was an Beton nicht mehr wegzuräumen sei, schrieb die Wirtschaftszeitung „Rundblick".

Übrigens: Die voll und ganz auf Blasmusik spezialisierte Studio Hannover Marschband hatte noch andere Highlights in ihrem Programm, so etwa – ebenfalls 1974 – die Single „Heut' ist Fußballweltmeisterschaft" mit Sänger Holle Hoffmann.

Welche Tierfiguren sind vom Baumeister an der Christuskirche am Klagesmarkt versteckt worden?

A
Hund, Katze und Maus

B
Fledermaus, Spinne und Ratte

C
Hase, Bär und Eber

D
Amsel, Drossel, Fink und Star

C

Baumeister Conrad Wilhelm Hase ließ drei Wasserspeier als Hase, Bär und Eber gestalten. Er spielte damit auf seinen eigenen Namen sowie auf die seiner Bauleiter Bähr und Hauers an.

Die Christuskirche wurde von 1859 bis 1864 erbaut und sollte ursprünglich einen direkten Kirchweg vom Welfenschloss her erhalten – schließlich hatte König Georg V. den Bau auch finanziert. Die Kirche war der erste große Sakralbau der von Conrad Wilhelm Hase begründeten „Hannoverschen Architekturschule". Der hoch aufragende Backsteinbau mit viel Schmuck aus weißem Deistersandstein wird von einem Turm mit einem auffälligen Sandsteingitter überragt.

Conrad Wilhelm Hase lebte von 1818 bis 1902, er war Maurer, Lehrer, Professor und Geheimer Regierungsrat. 219 Bauwerke sind ihm zu verdanken, neben der Christuskirche auch die Apostelkirche und das Künstlerhaus in der Sophienstraße. Die von Hase maßgeblich gestaltete Marienburg des Königshauses bei Nordstemmen allerdings vollendete erst sein Schüler und Mitarbeiter Edwin Oppler. Und sein eigenes Haus, die sogenannte „Haseburg", wurde im Zweiten Weltkrieg zerstört. Hases Grab findet sich auf dem Stadtfriedhof Engesohde.

Übrigens: Hases Schüler Andreas Meyer plante und gestaltete nach den Vorstellungen der Hannoverschen Architekturschule die Hamburger Speicherstadt und zahlreiche andere Hamburger Gebäude im Stil der Backsteingotik.

Was meint der Hannoveraner, wenn er sagt „Nur kaane Aale“?

A
„Geh mir weg mit den fettigen Schlickwürmern“

B
„Lass dir Zeit“

C
„Aber sonst gibt es viele Fischarten im Maschsee“

D
„Ich bin unverheiratet“

B

„Nur kaane Aale" heißt „nur keine Eile". Womit auch gleich klar ist, dass der Hannoveraner, der echte zumindest, gar nicht das reinste Hochdeutsch spricht, wie landläufig immer behauptet wird. Bestenfalls das „raanste". Es gibt vielmehr eine hannöversche Sprache mit einer Vielzahl von Worten, die außerhalb der Region kaum jemand versteht. Abgesehen von diesen typischen Wendungen und Worten ist aber auch die Aussprache anders als bei der Schriftsprache. Ein „ei" wird zum gedehnten „aa", der Leinefluss also zur „Laane". Nun gibt es auch Worte mit langem „a" – das klingt wie ein „äö". „Nur keine Aale" wird hier zu „nur kaane Äöle". Vielleicht gibt es deswegen so wenig alte Hannoveraner mit dem Namen Abraham. Und der Hannoveraner selbst sieht sich natürlich als „Hannoveräöner". Zusammen mit dem abgesetzt scharf ge-s-prochenen „s" ergibt das schon eine erste Lektion in „Hannöversch".
Übrigens: Man kann „Hannöversch" auch einfach als Biersorte (mit nur einem „n") trinken und dann abwarten, wie sich die Aussprache entwickelt. „Hanöversch" ist ein Produkt des Brauhauses Ernst August in der Schmiedestraße.

Welcher Hannoveraner war in den frühen 1970er Jahren Stammgast in der Szenekneipe „Maulwurf"?

A
Dirk Roßmann

B
Hans-Joachim Flebbe

C
Wolfgang Besemer

D
Gerhard Schröder

A

Dirk Roßmann. Mit 26 Jahren eröffnete Roßmann in der Jacobistraße nahe dem Lister Platz am 17. März 1972 seinen ersten „Markt für Drogeriewaren". Die Idee eines Diskountmarktes stieß bei den Kunden auf unerwartet großes Interesse, und so hatte Roßmann nach Ladenschluss statt der erhofften 2.000 bis 3.000 DM rund 20.0000 DM in der Kasse. Zeitzeugen berichten gerne, wie er dann häufig mit einer Plastiktüte mit den Tageseinnahmen im Maulwurf erschien, um an der Theke zu „Hey Joe" und „Child in Time" sein Bier zu trinken.

Zehn Jahre später besaß Roßmann bereits 100 Drogeriemärkte in Norddeutschland, heute ist das Unternehmen ROSSMANN mit 1.272 Filialen in ganz Deutschland nach „Schlecker" und „dm" die Nummer 3 auf dem deutschen Markt. Auch in Osteuropa ist ROSSMANN mit 580 Filialen vertreten. Allein in Deutschland sind 15.500 Menschen in dem Unternehmen beschäftigt.

1991 gründete Roßmann die „Deutsche Stiftung Weltbevölkerung". Trotz seiner wirtschaftlichen Angriffslust gilt er aufgrund seines sozialen und gesellschaftlichen Engagements gemeinhin als „hart aber herzlich".

Übrigens: Die zweite Szenekneipe neben dem Maulwurf war die „Blockhütte" am Weißekreuzplatz, und häufig wechselte man im Laufe des Abends vom Maulwurf in die Blockhütte und umgekehrt. Zwischendurch gönnte man sich noch eine Portion Pommes zum Mitnehmen im Wienerwald am Thielenplatz.

Wie viele Hannover sind in Nordamerika bekannt?

A
keines

B
eins

C
101

D
mindestens 70

B

Nach den Forschungen von Hans-Ulrich Stockmann gab es im Jahr 1983 in Nordamerika 64 Hanover, aber nur ein Hannover. Das hannoversche Wirtschaftsdezernat veröffentlichte diese Zahlen, als auf der Hannover-Messe die Kontakte mit Nordamerika intensiviert werden sollten. Studenten der Fachhochschule Hannover zählten allerdings, vermehrt durch Landschaftsnamen, einige Hanover mehr und kamen auf die Zahl von 101.
Das einzige Hannover (mit zwei „n“) liegt aber in jedem Fall in North-Dacota und hatte im Zeitraum von 1970 bis 1982 genau 15 Einwohner. Andere Hanover aber waren da längst komplett verlassen. Über Zeitpunkt und Anlass für die Namengebung ist oft nichts bekannt. Hanover in Arkansas allerdings kam zu seinem Namen, als sich um 1840 ein Generalpostmeister verschrieb: „Handover“ war gemeint, weil es lediglich ein Post-Übergabepunkt war.
Neben den 101 Hanover/Hannover in Nordamerika und dem einen in Deutschland gibt es weitere Hanover als Stadtviertel in Brighton (England), auf Jamaika und in Südafrika.
Übrigens: Die heute als Lavongai bekannte Insel hieß einst Neuhanover und gehört zu Papua Neuguinea. Ursprünglich lebten dort als einzige Säugetiere zwei Fledermausarten.

Wo in Hannover konnte man bis 1954 völlig ungestraft Motorradrennen austragen?

A

auf einem Rundkurs mitten durch die Eilenriede

B

auf dem alten Flughafen in Vahrenheide

C

auf der Vahrenwalder Straße zwischen Kugelfangtrift und Großem Kolonnenweg

D

auf dem alten Bahndamm zwischen Maschsee und Rikklingen

A

In der Eilenriede. Der hannoversche Stadtwald war zwischen 1924 und 1954 (mit einer Unterbrechung von 1940 bis 1950) Schauplatz der legendären „Eilenriederennen“. Auf der 4,8 Kilometer langen Ringstrecke Steuerndieb – Lister Turm – Waldstraße – Zoo – Steuerndieb jagten die Motorräder über zehn, zwanzig oder vierzig Runden, je nach Hubraumklasse. Als Ausrichter trat der Motorrad-Club-Niedersachsen auf, Teil des örtlichen ADAC. Die genaue Urheberschaft des Rennens allerdings liegt im Dunkeln. Eine herausragende Rolle kommt dem damaligen MCN-Gausportleiter Richard Dörnke zu: Er überzeugte seinen Vater, Senator in Hannover, von der Renn-Idee. Es gab aber auch vielerlei Widerstände, so sorgten sich damals schon Naturfreunde um die Vogelbrut und die zu erwartende Verschmutzung der Eilenriede durch die Besucher. Dennoch fiel am 30. März 1924 um 6 Uhr morgens (!) der erste Startschuss.

Übrigens: 1928 lag der Rundenrekord bei 99,1 km/h, es gab aber auch den ersten Todesfall an einem Eilenriedebaum. 1929 hieß das Motorradrennen „Kampftag der Motoren“, passend dazu gab es zwei Tote.

Welche hannoversche Zeitung legte sich 1946 mit der britischen Militärregierung an?

A
die Hannoversche Allgemeine

B
die Neue Presse

C
DIESE WOCHE

D
der Schädelspalter

C

DIESE WOCHE,

1946 bestimmte die britische Militärregierung eine Gruppe von jungen Redakteuren, die ein wöchentliches Nachrichtenmagazin nach dem Vorbild der englischen „News-Review“ herausgegeben sollte. Arbeitsplatz war der 6. Stock des Anzeiger Hochhauses, eines der wenigen noch intakten Gebäude in Hannovers Innenstadt, geschrieben wurde an Gartenstühlen und -tischen. Am 16. November 1946 erschien die erste Ausgabe, in einer Auflage von 15.000 Exemplaren und zum Preis von 1 Reichsmark – und sorgte prompt für einen Eklat. Der damals 22-jährige „Chefredakteur ohne Titel“ Rudolf Augstein hatte die Lebensmittelversorgung der Deutschen in der britischen Zone zum Thema gemacht und auf das Schärfste kritisiert! Ende Dezember wurde die „Woche“ eingestellt und erschien vier Wochen später wieder unter dem Namen DER SPIEGEL – jetzt allerdings nicht mehr unter britischer Zensur. Erklärtes Ziel der Redaktion war die Umsetzung des freien Presserechts. 1952 zog der Spiegel von Hannover nach Hamburg, Begründung war, dass „mehr Druckkapazität“ benötigt würde.

Übrigens: Die HAZ gibt es seit 1949 (als „Weiterführung des „Hannoverschen Anzeigers“ von 1893), die Neue Presse erst seit 1978 (der Vorläufer der NP waren die 1946 gegründeten Hannoverschen Neuesten Nachrichten, daraus wurde erst die Hannoversche Presse, dann die Neue Hannoversche Presse und später die Neue Presse), der Schädelspalter wurde 1976 zum ersten Mal gedruckt, das kostenlose Stadtmagazin „magaScene“ 1984.

Welcher „Arbeiter" ist Hannovers treuester BILD-Zeitungsleser?

A
ein Maurer aus Amerika

B
ein Fensterputzer aus Vahrenwald

C
ein Maschinenschlosser aus Ricklingen

D
ein Straßenbauarbeiter aus Linden

A

„Der Maurer“ im Sprengel Museum – eine lebensgroße und täuschend realistisch wirkende Fiberglas-Figur des amerikanischen Künstlers Duane Hanson (1925–1996). Hanson gilt als Hyperrealist der Pop-Art-Bewegung, seine Kunst setzt sich häufig kritisch mit dem „American Way of Life“ auseinander. In Deutschland machte Hanson vor allem auf der documenta 1972 mit seinen Polyester- und Fiberglasfiguren von sich reden: Immer wieder hielten Besucher Hansons Kunst für lebendige Personen.

„Der Maurer“ ist 1972 von Hanson geschaffen worden und steht seit 1976 an verschiedenen Standorten im Sprengel Museum – ein Maurer mit weißer Hose, Jacke und Mütze, der einen Fuß auf einen umgedrehten Zementkübel gesetzt hat und sich mit aufgestütztem Arm offensichtlich ausruht. In der Hand hält er eine zusammengefaltete BILD-Zeitung. Nun mag es durchaus möglich sein, dass der eine oder andere Hannoveraner schon länger die BILD-Zeitung liest – aber ganz sicher nicht seit über dreißig Jahren dieselbe Ausgabe!

Übrigens: Vor dem Haupteingang des Fabrikgebäudes der alten Hanomag an der Göttinger Straße steht ein weiteres „Arbeiterdenkmal“ – das 1941 von Georg Herting geschaffene Standbild eines Arbeiters, der einen Schmiedehammer in den Händen hält. Zu dieser Zeit war die Hanomag bereits fester Bestandteil der reichsdeutschen Rüstungsindustrie, sogar U-Boot-Teile wurden hier gebaut – die entsprechende „U-Boot-Halle“ steht unter Denkmalschutz.

Wer dichtete über die Continental-Fabrik in Vahrenwald die Zeilen: „Düster, breit, kahl und eckig, liegt im armen Vorort die Fabrik"?

A
Hermann Löns

B
Gerrit Engelke

C
Julie Schrader

D
Ludwig Christoph Heinrich Hölty

B

Gerrit Engelke, der häufig als „Arbeiterdichter" betitelte Schriftsteller.

Engelke wurde 1890 in Hannover geboren und wuchs an der Vahrenwalder Straße/Ecke Göhrdestraße auf, im Schatten der Conti: „Schläft der Ort –: glüh und grell/ Schreit aus hundert Fenstern Licht!/Kraftgesumm, Rädersausen, Qualm durchbricht/roh und dumpf die Nacht –"

Engelke war im Brotberuf Anstreicher und träumte von einer Zukunft als Dichter in einem „menschenfreundlichen Europa", er starb 1918 mit nur 27 Jahren in den letzten Tagen des Ersten Weltkrieges. Ein hannoverscher Literaturpreis trug Engelkes Namen, der Mitbegründer der Literaturzeitschrift „Die Horen", Kurt Morawietz, war Namensgeber eines zweiten Literaturpreises der Landeshauptstadt und veröffentlichte sowohl das Gesamtwerk Gerrit Engelkes wie auch eine umfangreiche Biografie mit dem Titel „Mich aber schone, Tod".

Übrigens: Höltys bekannteste Gedichtzeilen lauten „Üb' immer Treu und Redlichkeit bis an dein kühles Grab" (sein eigenes Grab befindet sich auf dem Nicolai-Friedhof an der Goseriede), Hermann Löns schrieb als „Fritz von der Leine" für den „Hannoverschen Anzeiger" und Julie „Julchen" Schrader, die hannöversche Fleischersgattin, dichtete in den zwanziger Jahren: "Wenn ich liebe, seh ich Sterne!/Ist's getan, seh ich den Mond./Ach, es war nur die Laterne!/Trotzdem hat es sich gelohnt."

Wogegen wurde an einem Märzsonntag 2008 in Hannover protestiert?

A
gegen die Bildungspolitik des Landes Niedersachsen

B
gegen die (zu) große Zahl von Stadttauben in Hannover

C
gegen den Stopp der Fassabfüllung von Lindener Bier

D
gegen die Nutzung eines weitgehend brach liegenden Industriegeländes an der Ihme

C

Im Februar 2008 beschloss der Brauerei-Konzern InBev, seine Traditionsmarke „Lindener Spezial" nur noch in Flaschen und nicht mehr fassweise anzubieten. Damit endete die Zeit des frisch gezapften Lindener Spezial in den zuletzt noch 20 Kneipen, die es als Fassbier im Angebot hatten. Das löste Protest aus, naheliegenderweise besonders in Linden. Dort war das „Lindener" seit 1871 von der Lindener Aktien-Brauerei (LAB) am Küchengarten abgefüllt worden, bevor in den 1990er Jahren die Produktion in die Südstadt wechselte. Die Gilde-Brauerei hatte 1926 die Marke und den Lindener Standort übernommen. Doch „Lindener" blieb „Spezial". Der Braukonzern InBev aber, der 2003 die Gilde aufkaufte, war dem biertrinkenden Hannoveraner schon vor Ende der Fassabfüllung unangenehm aufgefallen: Man ließ generell die Werbung für das Lindener Bier mit dem speziellen Geschmack abbauen – ausgerechnet aber auch noch am „Eingang" Lindens, hoch über dem Schwarzen Bären. Nach der Elfpersonenkundgebung bestattete der Lindener Gastwirt Klaus-Dieter Gleitze eine Flasche Lindener Spezial zusammen mit einer Dose Erbsensuppe am alten Brauort. Übrigens: Auf dem Industriegelände an der Ihme in der Nähe des Küchengartens wurde 1971 bis 73 das Ihmezentrum gebaut. Immerhin zeigte der für das städtebauliche „Ungeheuer" verantwortliche Stadtbaurat Hanns Adrian Haltung und bezog selber eine (allerdings zweigeschossige!) Wohnung im obersten Stock des Betonklotzes. Ob sich Adrian dafür hin und wieder mit einem Lindener Spezial belohnte, ist nicht bekannt.

Wer entdeckte 1971 in Hannover seine Liebe zum Eisbein?

A
Theo Lingen

B
Lionel Hampton

C
Max Greger

D
Gottfried John

B

Die amerikanische Jazzgröße, der Bandleader und Vibraphonist Lionel Hampton, saß 1971 bei „Max Walloschke“ am Steintor und aß Eisbein mit ordentlich Sauerkraut und einer Portion Senf. Dabei muss er seine Liebe zu diesem urdeutschen Gericht entdeckt haben. Er soll ziemlich prompt zum Stift gegriffen haben und – weil eben gerade kein anderes Papier zu fassen war – auf einer Serviette die Noten für den „Eisbein-Boogie“ notiert haben. Auf besserem Papier ist der erste Takt nachzulesen im Goldenen Buch der Stadt Hannover, in das sich Hampton am folgenden Tag eintragen durfte.

„Max Walloschke“ am Beginn der Langen Laube unmittelbar am Steintor ist seit 1952 ein Begriff. Der Namensgeber, ein gebürtiger Breslauer, war ein stadtbekannter Berufsringer, der hier sein gutbürgerliches Lokal betrieb. „Maxe“ starb 1972, zwei Jahre später übernahm sein langjähriger Getränkelieferant die Gaststätte. Das Eisbein war und ist das Markenzeichen von „Max Walloschke“.

Übrigens: Ob Gottfried John jemals bei Walloschke gegessen hat, ist nicht bekannt. Aber in den 1970er Jahren hat sich John als Schauspieler an der Landesbühne Hannover (heute: Theater für Niedersachsen) beworben – und wurde prompt abgelehnt. Und Theo Lingen wurde 1903 in Hannover geboren, wuchs in der Hagenstraße auf, verließ das damalige Goethe-Gymnasium ohne Abschluss, wurde als Autodidakt zum gefeierten Theaterschauspieler und wirkte schließlich in über 200 Filmen mit. 1944 verließ er Hannover und ging nach Wien.

Wie heißt der Passerellenwurm?

A
Niki

B
Nessie

C
Wessie

D
Lizzie

B

Nessie ist der Name des Bronzewurms, der sich unter dem hinteren Bereich des Hauptbahnhofes aus dem Passerellenboden zu winden scheint.

Die Passerelle wurde im Zuge des U-Bahn-Baus 1972 bis 1975 angelegt. Nessie ist eines der Kunstwerke im Verlauf der Passerelle zwischen Kröpcke und Weißekreuzplatz, die die unterirdische Verbindungs- und Einkaufsstraße ein wenig auflockern sollten. Etliche dieser Elemente verschwanden im Zuge des Umbaues der U-Bahn-Station Kröpcke (1999/2000) und der kompletten Umgestaltung der ehemals von Hanns Adrian und Detlev Draser geplanten Passerelle zur modernen „Niki-de-Saint-Phalle-Promenade“ (2005/06), so auch ein Kupferrelief, der „Findlings-” und der „Wolkenbrunnen“, die Noten der „Lustigen Hannoveraner“ und der Raschplatzbrunnen. Während der Umbauzeit wurde auch Nessi vorübergehend ausgelagert, dann aber doch wieder eingebaut. Der Entwurf für Nessie stammt von Stefan Schwerdtfeger und Dieter Heisig.

Übrigens: Weder fand sich in der Passerelle ein Kunstwerk von Niki de Saint Phalle, noch gibt es heute eins in der nun nach ihr benannten neuen Passage. Niki de Saint Phalles bekannteste Kunstwerke sind in Hannover die von ihr mit Mosaiken neu ausgestaltete Grotte im Großen Garten in Herrenhausen und vor allem die drei (weltberühmten) Nanas am Leineufer gegenüber dem Historischen Museum, deren Aufstellung 1974 zunächst zu massiven Proteststürmen in der Bevölkerung führte.

Wer war Hannovers fleißigster Briefschreiber?

A

die Sekretärin des hannoverschen Oberbürgermeisters Herbert Schmalstieg

B

der Dada-Künstler Kurt Schwitters

C

der Universalgelehrte Gottfried Wilhelm Leibniz

D

der Schriftsteller Karl Philipp Moritz

C

Gottfried Wilhelm Leibniz war der fleißige Briefschreiber. Immerhin 15.000 Briefe des Universalgelehrten werden in der nach ihm benannten Bibliothek aufbewahrt. Sie gehören zu den bedeutendsten Kunstschätzen der Menschheit und sind in das Weltdokumentenerbe der Unesco in Paris aufgenommen worden. Leibniz interessierte sich mehr oder weniger für alles, für Gott und die Welt (Naturgeschichte, Technik, Mathematik, Philosophie, Sprachwissenschaft, Theologie und Ingenieurskunst), dazu baute er von Hannover aus ein weit gespanntes Kommunikationsnetz aus. Er tauschte sich mit Wissenschaftlern und Philosophen in ganz Europa aus, er schrieb in Latein, Französisch, Deutsch, Italienisch oder Holländisch an Locke, Spinoza oder Hobbes. Der russische Zar Peter der Große erhielt Tipps zur Modernisierung des russischen Bildungswesens, dem Herzog in Wolfenbüttel erklärte Leibniz den binären Code in der Mathematik, Grundlage moderner Computertechnik. Jesuitische Missionare in China wurden um Informationen zu Heilpflanzen, Wattejacken und Feuerwerkskörpern gebeten. Kurt Schwitters schrieb im Exil aus Norwegen und England, aber nicht in diesem Umfang. Und Karl Philipp Moritz, Dichter der Sturm und Drangzeit, hat mit vielen Kollegen wie Goethe, Tieck oder Humboldt korrespondiert. Übrigens: Der Leibnizkeks heißt Leibnizkeks, weil der Gelehrte sich auch mit der Frage einer haltbaren Verpflegung für Soldaten im Feld beschäftigt hat, begründet der „Erfinder des Kekses“, Hermann Bahlsen, seine Namenswahl. Den Leibnizkeks gibt es schon seit über hundert Jahren und er ist nur echt mit 52 Zähnen!

Welche Rockband gab im Oktober 2007 auf dem Messe-Gelände ein Open-Air-Konzert zum 60. Geburtstag des in Hannover produzierten VW-Bulli?

A
The Rolling Stones

B
Bon Jovi

C
Genesis

D
The Who

D

Am Samstag, dem 6. Oktober 2007, spielten The Who für 44.000 Bulli-Fans aus aller Welt auf einer Open-Air-Bühne auf dem Messegelände. Für Unmut unter Hannovers rockbegeisterter Bevölkerung sorgte dabei die Tatsache, dass ausschließlich Teilnehmer des VW-Bus-Treffens das Konzert besuchen durften. Allerdings waren von der ursprünglichen Besetzung der Who ohnehin nur noch Sänger Roger Daltrey und Bandchef Pete Townshend dabei, dafür saß am Schlagzeug der Sohn von Beatles-Drummer Ringo Starr. Das Publikum freute sich über jede Menge altbekannter Hits wie „My Generation" und „Pinball Wizzard", ganz besonders aber über Townshends Erklärung, selber ein absoluter „Wiedabbelju"-Fan zu sein. Zum Song „Magic Bus" flimmerten dann auch noch alte VW-Werbefilme über die Bühnenleinwand, und zum Schluss des Abends ließ sich VW-Nutzfahrzeuge-Chef Stephan Schaller seinen VIP-Ausweis von den Altrockern signieren. Da störte es auch niemanden, dass der von Daltrey und Kollegen besungene „Magic Bus" in Wirklichkeit nie ein Bulli gewesen war, sondern ein im Flower-Power-Design bemalter Doppeldeckerbus aus London, wie er auch auf dem gleichnamigen Plattencover der Band zu sehen ist.
Übrigens: 1956 lief in Hannover-Stöcken der erste VW-Bus vom Band, ein echter „Magic Bus" mit 34 PS und 80 km/h Höchstgeschwindigkeit. Mittlerweile wurden in Stöcken 10 Millionen Bullis produziert.

Welche Rolle spielte eine hannoversche Straßenbahn zu DDR-Zeiten in Leipzig?

A
sie war ein viel bewundertes Ausstellungsobjekt auf der Leipziger Messe

B
sie diente als Kulisse in einem „Tatort"-Krimi der ARD

C
sie fuhr auf Vermittlung von Stadtdirektor Lehmann-Grube als Versuchsfahrzeug im Leipziger U-Bahn-Tunnel

D
sie diente hohen Parteifunktionären als Imbisswagen

B

Gleich im allerersten Tatort, der am 29. November 1970 ausgestrahlt wurde, begibt sich Kommissar Trimmel (gespielt von Walter Richter) auf verbotenes Gebiet und fährt mit dem „Taxi nach Leipzig“, so der Titel des NWDR-Films. Nach allerlei Wirren zum Zwecke genauer Ermittlungen in Leipzig angekommen, fährt Trimmel auch ein Stück mit der Straßenbahn. Nun konnte der Nordwestdeutsche Rundfunk anno 1970 aber nicht einfach so in Leipzig filmen. Für ein paar Filmsekunden wurde also eine hannoversche Bahn mit dem Leipziger Ziel „Markkleeberg“ und der entsprechenden „Linie 14“ beschriftet, die hannoversche Werbung sorgfältig abgeklebt und Schaffner Dettmer sogar ein Leipziger Stadtwappen auf den Ärmel genäht. Gefilmt wurde in der damaligen Schleife Kirchrode/Stadtgrenze der Linie 5.

Übrigens: Eine U-Bahn gab und gibt es in Leipzig gar nicht, immerhin aber ein kurzes Stück Tunnelrohbau unter dem Hauptbahnhof – das allerdings nie genutzt wurde, auch nicht von Hinrich Lehmann-Grube, der zunächst Oberstadtdirektor von Hannover war und 1990 zum Oberbürgermeister von Leipzig gewählt wurde.

Was verbirgt sich hinter dem Namen „Silke Arp Bricht“?

A
eine Punkband aus der Zeit der Chaos-Tage

B
ein Szeneclub in einem Keller an der Königsworther-straße

C
eine freie Theatergruppe mit Spielstätte im Ihmezen-trum

D
eine Dokumentation von Günter Wallraff über die Zu-stände in der Redaktion von BILD Hannover

B

Silke Arp Bricht ist ein Szene-Club im Keller des Hauses Königswortherstraße 20, Ecke Grotefendstraße. Eine einzige schmale Treppe führt in den engen Kellerraum, die Polstermöbel sind voller Bierflecken, es gibt weder Fenster noch Klimaanlage, wenn der Club gut besucht ist, läuft das Schwitzwasser von den Wänden. Improvisation ist alles, die Trennung zwischen Gästen, Betreibern und Künstlern ist fließend, wer heute Gast ist, steht morgen vielleicht auf der Bühne oder hinter der Theke. Geboten werden (Live-)Musik aller Stilrichtungen, Lesungen und Performances, es geht um die möglichst schräge Auseinandersetzung mit der (etablierten) Kulturindustrie, Dilettantismus wird kultiviert, DADA als Lebensgefühl ist Programm. Es gibt keine offiziellen Programmankündigungen, Termine werden per Mundpropaganda weitergesagt, allerdings kann man sich auf einer „Termin-Seite" im Netz eintragen – oder gleich für 15 Euro im Monat Vereinsmitglied werden.
Der Club existiert seit mehreren Jahren, ein genaues Eröffnungsdatum ist nicht bekannt.
Übrigens: Tatsächlich hat Günter Wallraff 1977 „undercover" bei BILD Hannover gearbeitet und darüber eine Dokumentation herausgegeben, nicht unter „Silke Arp Bricht", sondern unter dem Titel „Der Aufmacher. Der Mann, der bei BILD Hans Esser war". Und die letzte Theatergruppe, die im Ihmezentrum gespielt hat, heißt „fensterzurstadt".

Wer war Albert Frömling?

A

ein unerschrockener Bürgersohn, der im 30-jährigen Krieg in einem Hinterhalt getötet wurde

B

ein Schauspieler, der nur für eine einzige Vorstellung bei James von Berlepsch im Neuen Theater engagiert war

C

ein Architekt, der bei der Bewerbung zum Stadtbaurat gegen Hanns Adrian unterlag

D

ein Maler aus der Liststadt, der ausschließlich „weiße Bilder“ malte

A

Albert Frömling war einer von 21 unerschrockenen Bürgersöhnen, die 1632 vor dem Steintor feindliche Dragoner verfolgten, die hannoversche Pferde und Schafe von den Weiden stahlen. Aber bei Hainholz gerieten die Söhne Hannovers in einen Hinterhalt aus mehreren hundert Reitern und wurden von ihren Feinden niedergemacht. Die Reiter gehörten zu den Truppen des feindlichen Generals Graf Gronsfeld, der im Norden der Stadt lag und diese angreifen wollte.

Der Frömlingstein an der Kreuzkirche erinnert an diesen Hinterhalt mitten im 30-jährigen Krieg, aus dem Hannover letztlich unversehrt hervorging. Noch 1625 warnte General Tilly, Feldherr der katholischen Liga, Hannover vor der Aufnahme dänischer Truppen. Da Tilly das Calenberger Land erfolgreich eroberte, hatte Hannover sein erstes Flüchtlingsproblem. 500 Wagen mit Flüchtlingen versuchten durch das Leinetor in das unzerstörte Hannover zu gelangen. Rat und Gemeinde beschlossen, weder Tillys Truppen noch die Truppen der Union in die Stadt zu lassen. Tilly belagerte Hannover zweimal vom Lindener Berg aus – erfolglos. Elf Jahre später besetzten schwedische Soldaten für ein paar Wochen die (Calenberger) Neustadt und Linden. Aufgrund dieser Erfahrungen wurde die Neustadt in das neue Befestigungssystem miteinbezogen.

Übrigens: Die Frömmlingstraße, die südlich des Mittellandkanals zwischen Meersmannufer und Hesemannstraße verläuft, trägt ihren Namen nach den hannoverschen Bildhauern Hans und Cord Frömeling, der eine starb 1666, der andere 1667.

Wovon wurde dem hannoverschen Oberbürgermeister Stephan Weil nach eigenem Bekenntnis in den 1970er Jahren schlecht?

A
von zuviel „Lindener Spezial“

B
von seinem ersten und letzten Joint

C
von zuviel Leibnizkeksen

D
von hausgemachter Sülze der Firma Weißhäupl

Von seinem ersten und letzten Joint. Außerdem bekannte Weil gegenüber der HAZ, lange Haare gehabt, gegen Atomkraft demonstriert und einmal den Unterricht im Kaiser-Wilhelm-Gymnasium geschwänzt zu haben, um sich das konstruktive Misstrauensvotum gegen Willy Brandt im Fernsehen anzusehen. „Das Kapital" von Karl Marx hingegen habe er nie gelesen. Und als er noch jünger war, im Juni 1969, konnte er nur ganz schlecht schlafen, weil sein älterer Bruder ihn immer schon frühmorgens aufweckte, wenn er loszog, um gegen die Erhöhung der Fahrpreise der ÜSTRA zu demonstrieren.

Stephan Weil machte am KWG Abitur, absolvierte seinen Zivildienst in der kinderpsychiatrischen Station der alten Kinderklinik, studierte in Göttingen Jura, arbeitete als Richter und im Justizministerium. Weil war erst SPD-Vorsitzender, dann Kämmerer der Stadt Hannover, seit Oktober 2006 ist Weil Nachfolger von Herbert Schmalstieg als Oberbürgermeister.

Übrigens: Weils Konkurrent bei der Oberbürgermeisterwahl war Klaus Töpfer, ebenfalls Jurist in Hannover. Beide, Weil und Töpfer, trinken nach eigener Aussage kaum oder gar keinen Alkohol, dafür gehen beide gerne türkisch essen, in türkischen Läden einkaufen oder machen Urlaub in der Türkei. Schmalstieg hingegen hat immer Kamillentee getrunken und früher häufig Urlaub auf Bornholm gemacht, jetzt zieht er Ibiza vor.

Aus welchem Grund bat Oberstadtdirektor Martin Neuffer Hannovers Bürger 1969 in einer Zeitungsanzeige: „Folgen Sie den Anordnungen der Polizei!“?

A
wegen des Verkehrschaos während der Hannover-Messe

B
wegen der Demonstrationen gegen die Fahrpreiserhöhungen der ÜSTRA

C
wegen eines Fußballspiels von Hannover 96

D
wegen der Landesbühnen-Premiere von Franz und Paul Schönthans Komödie „Der Raub der Sabinerinnen“

B

Seit dem 1. Juni 1969 sollte der Erwachsenen-Einzelfahrschein statt wie bisher 70 Pfennig nun 80 kosten – und diese erneute Erhöhung brachte das Fass zum Überlaufen. Die erste Demonstration fand am 7. Juni statt, zwei Tage später war der öffentliche Nahverkehr in Hannover endgültig lahmgelegt. „Üstra, Üstra, Ungeheuer, erstens Scheiße, zweitens teuer" skandierten die Demonstranten und blockierten die Straßenbahnschienen, am 12. Juni stellte die ÜSTRA ihren Betrieb ein. Zum Symbol des Protestes wurde der „Rote Punkt" – zuerst noch handgemalt, druckten ihn bald die Tageszeitungen, die Stadtverwaltung verteilte Tausende von Exemplaren. Autofahrer klebten sich den Punkt an die Windschutzscheibe, um anzuzeigen, dass sie unentgeltlich Fahrgäste mitnehmen würden. In ganz Hannover organisierten freiwillige Helfer den improvisierten Nahverkehr, wiesen Autos ein und riefen Fahrziele aus.

Am 17. Juni beschloss der Rat der Stadt in einer Sondersitzung die Kommunalisierung der ÜSTRA und die Einführung eines Einheitstarifes von 50 Pfennig, zwar wurde vereinzelt noch der "Nulltarif" gefordert, aber ab 20. Juli fuhren Hannovers Busse und Bahnen wieder.

Übrigens: Seit damals wurden Fahrpreiserhöhungen für viele Jahre nur noch im November verkündet, wenn das Wetter nicht unbedingt „demonstrationstauglich" war. Ein Einzelfahrschein, heute „Einzelticket" genannt, kostet inzwischen 2 Euro.

Was hat CUBA mit Hannover zu tun?

A

Die legendären Kanzlerzigarren sind von der karibischen Insel CUBA

B

Gummireifen aus dem Stöckener Werk der Continental sind mit CUBA beschriftet

C

In Linden-Nord hat ein eingetragener Verein von Castro-Bewunderern seinen Sitz: CUBA e.V.

D

CUBA ist der Name der Bar unter dem Nord-Ost Bad

B

CUBA steht auf Gummireifen des Conti-Werks in Stöken. Damit die Herkunft von Autoreifen eindeutig nachvollziehbar ist, werden sie dreifach gekennzeichnet: Mit Farbstrichen auf der Lauffläche, mit bunten Fäden im Gewebe des „Stahlcords“ der Karkasse (die aber erst bei dessen Zerstörung wieder zu sehen sind) und drittens mit einer eingeprägten, verschlüsselten Kennzeichnung in der Reifenflanke. Jede Fabrik weltweit hat einen eigenen Code. Auf das Continental-Reifenwerk in Hannover-Stöcken entfiel dabei das Zeichen „CUBA“ – warum auch immer. Direkt neben diesem Zeichen sind Herstellungswoche und -jahr eingeprägt.
Nur ein CUBA-Reifen kommt also auch aus Hannover. Seit Ende 2007 sind das allerdings nur noch Nutzfahrzeugreifen, auf PKW-Reifen der alteingesessenen hannoverschen Marke Continental und ihrer Töchter wird man das Kurzzeichen daher vergebens suchen.
Übrigens: Die berühmten Kanzlerzigarren tragen den Namen Cohiba. Die Bar unter dem Nord-Ost-Bad hieß eine Zeitlang „Ipanema“, dann „Club-Disco Absient“ (gemeint: „Absinth“?), der Name wechselt allerdings häufiger. Und in Linden-Nord gibt es zwar keinen Fanclub für Fidel Castro, aber immerhin 10 Fördervereine, 9 Sportvereine, 8 Schützenvereine, 6 Chöre, 8 Kulturvereine, 10 Vereine für Kinder, 5 für Frauen oder Männer, 19 sonstige und einen Karnevalsverein.

Wie verschwinden in Hannover im Sommer mehr oder weniger regelmäßig Millionen Liter Wasser an einem einzigen Tag?

A
durch Wasserrohrbrüche

B
durch den Einsatz der Straßenreinigung zur Staubbekämpfung

C
durch Verdunstung des Maschseewassers

D
durch die Nutzung des Leinewassers zur Bewässerung der Weiden im Stadtteil Döhren

C

Der Wasserspiegel des Maschsees fällt an manchen Sommertagen durch Verdunstung um kaum sichtbare 1,3 Zentimeter. Das entspricht aber immerhin einem Volumen von 10.000 Kubikmetern und das wiederum sind zehn Millionen Liter.

Der Gesamtinhalt des Maschsees beläuft sich auf rund 1,6 Millionen Kubikmeter, das entspricht 3,2 Milliarden Halbliterflaschen Bier und damit fast einer für jeden zweiten Erdenbürger.

Der Maschsee wird aber nicht aus Flaschen gespeist, sondern vom Wasser der Ricklinger Teiche. 1934 und 1935 hoben 1.650 vorher arbeitslose Arbeiter mit Schaufeln und Hacken den See aus. Ein Teil der Fläche wurde mit künstlich aufgebrachtem Ton abgedichtet.

Am 26. November 1935 begann das Pumpwerk mit der Seeflutung. Etwa acht Wochen später war der Wasserspiegel von rund zwei Metern erreicht. Am 21. Mai 1936 wurde der See eingeweiht.

Übrigens: 1985 lief der Maschsee beinahe Gefahr zu versickern. Für das Open-Air-Konzert von Joe Cocker wurde eine riesige Bühne am Nordufer über das Maschseewasser gebaut. Dabei wurde in letzter Minute verhindert, dass Aufbauhelfer die Tonschicht durch große „Heringe“ zur Bühnenverankerung durchstießen.

Nebenbei bemerkt hat Joe Cocker vor seiner Karriere als Rockmusiker das Handwerk des Gas- und Wasser(!)installateurs gelernt.

Wer oder was sind die „drei warmen Brüder“?

A

eine Softrock-Gruppe, die bevorzugt in plüschigen Kneipen auftritt

B

der Spitzname einer Lindener Schornsteingruppe

C

werbewirksame Headline einer Zeitungsannonce für eine Gemeinschaftspraxis von drei Urologen in der Georgstraße

D

„Künstlername“ der drei Küchenchefs einer Firmenkantine an der Brüderstraße

B

Das ohnehin schon hoch aufragende Heizkraftwerk am Küchengarten in Linden trägt drei hohe Schornsteinaufbauten, die im Volksmund als die „drei warmen Brüder“ bekannt sind. Seit 1962 wurde die Kohle, die das Heizkraftwerk benötigte, über den Lindener Hafen und von dort auf eigens verlegten Bahngleisen in das Werk transportiert, sporadisch wurde auch Öl verfeuert, das über Mittellandkanal, Leine und Ihme angeliefert wurde. Seit dem Jahr 2003 ist die Umrüstung des Heizkraftwerkes von Kohle- auf Gasfeuerung abgeschlossen – und damit kann eigentlich auch keine Rede mehr von drei warmen Brüdern sein! Es sind zwar nach wie vor drei Schornsteine, aber nicht alle drei sind warm. Einer der Schornsteine ist eine Attrappe. Der ursprüngliche Schornstein wurde schlicht nicht mehr benötigt, für ein einheitliches Erscheinungsbild auf den drei Gebäudekomplexen aber stehengelassen.

Übrigens: Im Schatten der drei warmen Brüder treten regelmäßig Kabarettisten im von Dietrich Kittner gegründeten TAK auf, im Theater am Küchengarten, Hausnummer 3 – 5, einem ehemaligen Wannenbad. Und in der ehemaligen Bettfedernfabrik „Werner und Ehlers“ am Ihmeufer befindet sich seit 1991 das „Kulturzentrum Faust“ mit drei Veranstaltungshallen und einem vielseitigem Programm von Literatur, Kunst und Musik bis zu einem lokalen Radiosender. Der alte Bakkstein-Schornstein der „Faust“ allerdings wirkt gegen seine drei im Hintergrund aufragenden „Brüder“ eher liebenswert-verloren.

Mit welchem Massenmörder hat der Gründer und Chef des hannoverschen Finanzunterneh-mens AWD, Carsten Maschmeyer, täglich, wenn auch unbeabsichtigt, zu tun?

A
Jasper Hanebut

B
Jack the Ripper

C
Charles Manson

D
Fritz Haarmann

A

Mit Jasper Hanebut. Maschmeyer wohnt in Hannover Groß-Buchholz im Hanebutwinkel.

Der Pferdedieb und Räuber Jasper Hanebut ist eine Symbolfigur für die schlimmen Zeiten des 30-jährigen Krieges. Hanebut wurde 1607 im Dorf Groß-Buchholz geboren. Bedingt durch die Wirren des Krieges, die Pest, verschiedene Besatzungen und Verwaltungsgrenzen raubte und mordete Hanebut viele Jahre lang unentdekkt. Oft hat er am Rande der Eilenriede, in der Nähe des heutigen Zoos, seinen Opfern aufgelauert. 1652 wurde er festgenommen und in das „Kittchen" von Hannover gebracht, unter der Folter gestand er etliche Diebstähle und 19 Morde, zum Teil auch Morde, die er weit weg von Hannover begangen hatte (so ermordete er auch seine Geliebte Marie in Ingolstadt). Von der juristischen Fakultät Helmstedts wurde Hanebut zum Tod durch das Rad verurteilt. Die Hinrichtung am 4. Februar 1653 zog viele Schaulustige an.

Der „Hanebutwinkel" in der Nähe des Restaurants „Steuerndieb" erinnert an diesen Missetäter, ebenso wie „Hanebuts Gang", ein mannshoher Tunnel unter der Stadtmauer hindurch, dessen Eingang sich am Leineufer befindet und der in Richtung Altstadt führt. Hier soll Hanebut seine Beute versteckt haben.

Übrigens: Maschmeyer gehört mit immerhin knapp einer Milliarde Euro Privatvermögen (2008) zu den reichsten Deutschen. Morgens joggt er manchmal durch die Eilenriede.

Kann oder konnte man in einem Trelement wohnen?

A

Nein, da es sich um einen Entsafter für die Obststände auf hannoverschen Wochenmärkten handelt

B

Ja, wenn man unbedingt auf dem Dach einer Messehalle leben wollte

C

Nein, das selbstaufbauende Kunststoffschalenzelt bewährte sich auf dem Campingplatz am Arnumer See leider nicht

D

Ja, denn daraus wurden die Wohnungen des Ihmezentrums errichtet

Aus so genannten Trelementen bestehen die Fertighäuser, die 1970 auf dem Dach der damals neuen und weltgrößten Messehalle, der Halle 1, errichtet wurden. 750 Waben aus Trelementen bildeten eine eigenwillige Siedlung auf dem Dach, dessen Fläche zehn Fußballfeldern entspricht. Firmen, Aussteller, Zulieferer konnten die kleinen Gebäude mit stets sechseckigen Räumen während der Messe für ihre Zwecke nutzen. Man konnte sogar in ihnen wohnen – und das auch außerhalb der Messen.
Eine Etage tiefer sind die Aussteller des „Centrums für Büro und Informationstechnik“ (CeBIT) zu finden, die unterste Etage der Halle dient als Parkhaus mit 2.000 Einstellplätzen. Die „CeBIT-Halle“ wurde zunächst nur während der Hannover-Messe genutzt, später dann nur während der CeBIT. Nach der ersten CeBIT-Messe waren tatsächlich 42 Waben privat vermietet. 250 Mark im Monat kostete solch eine moderne Wohnung in etwas seltsamer, aber durchaus ruhiger Lage – und immerhin mit einem Ausblick bis zu Deister und Harz! Heute werden einige Waben noch von ausstellenden Firmen genutzt.
Übrigens: Eine wirklich „alternative“ Wohnsiedlung wurde vierzehn Jahre später in Hannover-Bothfeld gegründet: Die Grasdachsiedlung. 69 Familien taten sich 1984 zu einer Baugemeinschaft zusammen, um „ökologisch zu bauen und gemeinsam wohnen zu können“. Die Grasdachsiedlung ist auch heute noch Vorbild für gemeinsame Wohnprojekte in ganz Deutschland. Für den eingeborenen Bothfelder allerdings galten die bunt gestrichenen Holzhäuser lange Zeit schlicht als „Baracken“.

Welcher „Commander of the British Empire" regierte Hannover 34 Jahre lang?

A
Georg V.

B
Herbert Schmalstieg

C
Bernard L. Montgomery

D
Lord Francis Aungier Pakenham

B

Herbert Schmalstieg, Hannovers langjähriger Oberbürgermeister, ist unter anderem „Commander of the British Empire“. Das ist natürlich nur ein Ehrentitel, der weder zur Hochzeit mit der Queen verpflichtet noch zu kriegerischen Handlungen auf irgendwelchen Südseeinseln. Der „Commander“ ist die mittlere der fünf Stufen des 1917 von König Georg V. gestifteten britischen Ritterordens mit dem Motto „For God and the Empire“. Es ist der jüngste der britischen Ritterorden und auch der am häufigsten verliehene. Weitere Commander of the British Empire sind unter anderen Michael Caine, Anthony Hopkins, Ben Kingsley, Peter Ustinov, Eric Clapton, Elton John, Simon Rattle und Stephen Hawking. Eine Erhebung in den Adelsstand des Ritters ist ausschließlich den beiden oberen Stufen des Ordens vorbehalten. Schmalstieg bleibt also Bürger, ist aber auch noch Träger der Komandoria-Auszeichnung Polens, griechischer Commander des l´Ordre du Phenix sowie Ehrenbürger von Hiroshima, Poznan, New Orleans – und Hannover, versteht sich!

Übrigens: Schmalstieg war bei Übernahme seines Amtes 1972 mit 28 Jahren jüngster Oberbürgermeister der Bundesrepublik und bei seinem Ausscheiden im Jahr 2006 dienstältester OB. Er hatte das Amt tatsächlich 34 Jahre inne. Vorher arbeitete Schmalstieg bei der Stadtsparkasse Hannover.

Welchen ihrer Könige haben die Hannoveraner geköpft?

A
Georg I., Kurfürst von Hannover, König von Großbritannien, 1714–1727

B
Georg III., Kurfürst und König, 1727–1760

C
Ernst August, König von Hannover, 1837–1851

D
Dr. Hans-Walter König, Ratsherr und Bürgermeister in den 1970er und 80er Jahren

C

Ernst August, König von Hannover von 1837 bis 1851, dessen Denkmal vor dem Hauptbahnhof steht und der der Namensgeber des Bahnhofsplatzes ist.

1861 war das Königsdenkmal enthüllt worden, überstand Bahnhofsneubau und Weltkriege, auch den vorübergehenden Umzug zum Leineschloss als Folge des U-Bahn-Baues unter seinen Füßen (1971–1975). 1986 dann stand eine Generalsanierung an. Dafür wurde, anders als beim ersten Umzug, der 140 Kilogramm schwere Kopf des Königs abgetrennt, weil er zu hoch für die Transporte unter Oberleitungen und Brücken hindurch war. Mit dem Trennjäger wurde der Kopf vom Rumpf gelöst, mit einem Kran abgehoben und das Denkmal schließlich in Leinhausen im Ausbesserungswerk der Bahn restauriert. Nach der Rückkehr des Denkmals auf seinen angestammten Platz wurde der Kopf wieder angeschweißt und zusätzlich im Innern verschraubt.

Das Denkmal ist nach wie vor beliebter Treffpunkt der Hannoveraner, man trifft sich „unterm Schwanz“. Und die Inschrift auf dem Sockel gilt als Beispiel für den hannoverschen Genitiv: „Dem Landesvater sein treues Volk“ steht da zu lesen.

Übrigens: Dr. Hans-Walter König war Mitglied der CDU-Ratsfraktion und Bürgermeister, 1980/81 war er auch Oberbürgermeister-Gegenkandidat zu Amtsinhaber Herbert Schmalstieg.

Wie konnte man sich noch in den 1980er Jahren nachts am hannoverschen Steintor so richtig unbeliebt machen?

A
indem man sich beim „Bratwurst-Glöckle“ Pommes statt Würstchen kaufte

B
indem man eine der Telefonzellen an der Kurt-Schumacher-Straße besetzte

C
indem man nur mit einer Badehose bekleidet direkt vom Schwimmbad in der Goseriede ins Rotlichtviertel ging

D
indem man die neu eröffneten „Peep-Shows“ in der Scholwinstraße einfach ignorierte

B

Indem man eine der Telefonzellen „besetzte", um mit Vermietern von Wohnungen zu telefonieren, deren Kleinanzeigen man aus der druckfrischen Hannoverschen Allgemeinen Zeitung oder der Neuen Presse blitzschnell herausgesucht hatte. Die Zeitungen wurden ab 23.00 Uhr am Steintor verkauft. Damit handelte man sich zwar auch manchmal noch Ärger mit den Vermietern ein, die ja erst am nächsten Morgen mit Anrufen rechneten. Aber Schnelligkeit war Trumpf, um der erste Interessent zu sein, und da war es auch gut, Freunde schon mal die Zelle besetzen zu lassen. Die „heißeste" Nacht war grundsätzlich freitags, denn in der Samstagsausgabe gab es die meisten Wohnungsanzeigen.
Bis 1974 war die Sache etwas einfacher gewesen, da konnte die HAZ noch direkt aus dem Anzeiger-Hochhaus geholt werden, und die Konkurrenz, die Neue Presse, wurde gleich gegenüber in der Rotation im Tiedthof gedruckt. Unbeliebt bei der Polizei war auch der Autokorso, der sich durch die Zeitungskäufer auf der Kurt-Schumacher-Straße bildete.
Übrigens: Unübertroffenes Original unter den Zeitungsverkäufern war seit 1986 Klaus-Dieter Tilly, sechsmal in der Woche stand er Nacht für Nacht in seiner Arbeitskleidung am Steintor: Lederweste und Schiebermütze. Seine Schwester holte die Zeitungsstapel direkt vom Verlagshaus in Bemerode. Tillys Nacht endete gegen halb acht vor dem VW-Werk, wo er die Arbeiter von drei Uhr morgens an mit Zeitungen versorgte.

Wie hieß der Ulk-Reim auf das ab 1924 von Hanomag gebaute „Kommissbrot“?

A

Klebt das Kommissbrot erst am Baum, ist’s vorbei mit jedem Traum

B

Zwei Pfund Blech, ein Pfund Lack, fertig ist der Hanomag

C

Der Schorse fuhr Kommissbrot, der Schorse ist jetzt mausetot

D

Hei, wie läuft der Hanomag so zügig, wie geschmeidig ist die Kraft, die der kleine Motor schon vom Start weg ihm verschafft

B

„Zwei Pfund Blech, ein Pfund Lack, fertig ist der Hanomag“ – das „Kommissbrot“ (der Name bezieht sich auf die eckige Kastenform) war der erste deutsche Kleinwagen, der auf dem Fließband entstand. Durch einen 1-Zylinder-Viertaktmotor mit 499 Kubikzentimetern erreichte das Kommissbrot die sagenhafte Höchstgeschwindigkeit von sechzig Stundenkilometern. Der Zweisitzer war 370 kg schwer und so schmal, dass ein Scheinwerfer reichte. Auf Kotflügel und Trittbretter verzichtete man, das Auto hatte auch nur eine Tür auf der linken Seite, für das Reisegepäck wie Koffer oder Hutschachteln gab es einen Gepäckträger auf der Heckklappe. Das Kommissbrot kostete ca. 2.300 Reichsmark, von 1924 bis 1928 wurden fast 16.000 der beliebten Kleinwagen produziert. Die Gründung der Hanomag aber reicht zurück auf das Jahr 1846, als die Fabrik von Georg Egestorff eine erste Dampflokomotive baute. Bereits ab 1905 wurden auch LKW hergestellt, ab 1924 die ersten Traktoren, die berühmten „Hanomag-Schlepper“. Seit 1931 baut die Hanomag auch Baumaschinen, heute vor allem Radlader und Mobilbagger. Seit 1989 gehört die Firma zum weltweit zweitgrößten Baumaschinenhersteller Komatsu.

Übrigens: Von 1938 bis 1941 wurde als „großer Reisewagen“ der Hanomag „Autobahn“ mit immerhin 38 PS gebaut – und erhielt aufgrund seiner Form und der kriegsbegeisterten Zeit entsprechend prompt den Spitznamen „Stahlhelm“. Die erste Lokomotive von 1848 hatte den Namen „Ernst August“ getragen.

Wo in Hannover trifft man tagsüber die meisten Ministerialbeamten an?

A
im Steintorviertel

B
im Niedersächsischen Landtag

C
in der Markthalle

D
auf dem Platz des Golf-Clubs Hannover

C

In der Markthalle, dem „Bauch von Hannover". Die Markthalle an der Karmarschstraße ist zu Fuß für Beamte aus vielen Ministerien und dem Landtag erreichbar, sie ist Treffpunkt, Laufsteg, Klatschbörse und Schnellimbiss.

Als 1888 hunderte Verkaufstände auf der Fläche rund um die Marktkirche standen, beschloss der Rat der Stadt den Bau einer Markthalle. Diese wurde nach dem Vorbild der Maschinenhalle der Pariser Weltausstellung konstruiert, 1892 eröffnet und hatte Platz für 243 Stände, 1932 (nach Renovierung und Umbau) passten sogar 500 Stände in die Halle, davon 170 Schlachter. Die Bomben des 2. Weltkrieges fielen auch auf die Markhalle, die 1943 ausbrannte. 1955, nachdem 75.000 Unterschriften gesammelt worden waren, wurde eine neue und eher schmucklose Halle auf den alten Kellerräumen aufgebaut. 22 Stufen führen in diese unterirdische Welt der Lager- und Personalräume sowie der Leitungs- und Rohrnetze, die den 15.000 Gästen im Obergeschoss einen angenehmen Aufenthalt ermöglichen. Die Katakomben reichen weit über die Fläche der Markthalle hinaus, an manchen Stellen steigt man bis zu 18 Meter tief in den Untergrund, die Wandfliesen in den Gängen stehen heute unter Denkmalschutz.

Übrigens: Spötter behaupten, man müsse sich mittags nur eine halbe Stunde in die Markthalle stellen, um alle „wichtigen" Hannoveraner gesehen zu haben. Oder, böser formuliert: Wenn man einen Sachbearbeiter der Stadtverwaltung tatsächlich mal sehen wolle, müsse man eben in die Markthalle gehen...

Welcher „Hannoveraner“ wurde per Leiterwagen und in Einzelteilen in den Wald geschafft?

A
ein Pferd

B
ein Mörder

C
ein Denkmal

D
ein Auto

C

Das Hermannsdenkmal im Teutoburger Wald. Das entstand nämlich in Hannover, in der Werkstatt des Bildhauers Ernst von Bandel (1800–1876) in der Eisenstraße 1 südöstlich des Bahnhofes. Bandel arbeitete seit 1837 an „seinem" Denkmal, mit dem Bau des 26,89 Meter hohen Unterbaues und des 2,20 Meter messenden Sockels wurde 1838 begonnen, 1875 wurde es schließlich eingeweiht. Ernst von Bandel widmete sich zeitlebens diesem Projekt und versuchte auch, finanzielle Unterstützung dafür zu finden. Während der Arbeiten lebte er zeitweilig in einer Blockhütte direkt unterhalb des Denkmals. Diese „Bandel-Hütte" ist noch heute zu besichtigen.
Bandels Figur ist 26,57 Meter hoch, der Kopf ist so hoch wie zwei Mann, das erhobene Schwert misst sieben Meter und wiegt 550 Kilogramm. Die Einzelteile der mit Kupferplatten verkleideten Eisenrohrkonstruktion wurden Stück für Stück von Bandels hannoverscher Werkstatt per Fuhrwerk zum Teutoburger Wald geschafft.
Übrigens: 1843 war die Eisenbahnlinie Hannover-Lehrte eröffnet worden, 1844 wurden die Verbindungen nach Braunschweig, Celle, Hildesheim und Minden in Betrieb genommen. In den Teutoburger Wald aber gelangte man nur mit Pferd und Wagen.

Wie förderte Hannover eine Spinnerei in Hameln?

A
mit Maulhelden

B
mit Maulbeeren

C
mit Maulaffen

D
mit Maultrommeln

B

Von Hannover aus wurden in den Jahren von 1706 bis 1805 Maulbeerblätter nach Hameln geliefert. Dort befand sich eine Seidenspinnerei. Der Seidenspinner Bombyx Mori L. benötigt, bevor er mit dem Spinnen des Kokons beginnt, die Blätter von Maulbeergewächsen als Nahrung. Aus dem Kokon wird, abgewickelt, später der wertvolle reine und bis zu 3000 Meter lange Seidenfaden gewonnen. Frisch müssen die Maulbeerblätter sein, nicht verwelkt oder vertrocknet – dummerweise aber gedeiht die asiatische weiße Maulbeere in Mitteleuropa nicht so recht. Der hannoversche Berggarten aber, 1666 als herzoglicher Küchengarten auf einer Sanddüne angelegt, bot gute Voraussetzungen. Um 1750 wurde er zum Botanischen Garten, 1774 als Landschaftsgarten neu angelegt. Die Maulbeerplantage lieferte die bei den kleinen Raupen so begehrten Blätter hundert Jahre lang nach Hameln.
Übrigens: Die heutigen Pflanzenschauhäuser im Berggarten stammen von 1958. Sie beherbergen rund 13.000 Arten und Sorten. Im Zweiten Weltkrieg gingen alle bis dahin gezüchteten Pflanzen ebenso verloren wie die Palmenhäuser.

Wo in Hannover sind Fußballspiele auch mit der Erinnerung an viel Leid verbunden?

A
im Fußballstadion „AWD-Arena“

B
im Eilenriedestadion

C
im Stadion am Bischofsholer Damm

D
auf den Wiesen im Georgengarten

A

Das ehemalige „Niedersachsenstadion“ nahe dem Maschsee liegt keineswegs auf einem natürlichen Hügel, vielmehr verbirgt sich unter den grünen Hängen und insbesondere der Tribüne der Westseite ein großer Trümmerberg. Er besteht aus einem Großteil der Trümmer der im Zweiten Weltkrieg zerstörten Innenstadt. Das am 26. September 1954 eröffnete Niedersachsenstadion ist so für immer auch mit dem Leid und Elend des Krieges verbunden. Tatsächlich war die Trümmermenge, die nach dem Zweiten Weltkrieg zurückgeblieben ist, so gewaltig (nur 5,2 Prozent der Wohnungen waren unbeschädigt), dass man kurzzeitig sogar erwog, Hannover an einem völlig anderen Ort wieder aufzubauen.
Die heutige „AWD-Arena“ (seit 2004 nach dem Sponsor benannt) ist auch die Heimspielstätte der Fußball-Bundesligamannschaft des Hannoverschen Sportvereins von 1896 e.V. – also Hannover 96. Als klassisches Sportstadion taugt das Oval seit dem Umbau für die Fußballweltmeisterschaft 2006 nicht mehr, sondern ist ein reines Fußballstadion und manchmal auch Arena für Großkonzerte wie 2006 der Rolling Stones und Madonna und 2007 Herbert Grönemeyer und Genesis.
Übrigens: Das Stadion am Bischofsholer Damm hat keine elektronische Anzeigentafel, den jeweiligen Spielstand zeigen die Fans der gegnerischen Mannschaften durch Wechsel ihrer T-Shirts, auf denen unterschiedliche Ziffern (= Torpunkte) aufgemalt sind.

Was wurde von Hannovers Marktkirchenturm aus jahrhundertelang beobachtet?

A
Sonne, Mond und Sterne

B
die Dächer der Stadt

C
ein Storchennest auf dem Giebel des Alten Rathauses

D
das bunte Treiben auf dem Marktplatz

B

520 Jahre lang taten auf dem Turm der Marktkirche Turmwächter Dienst, um die Dächer der Stadt zu beobachten: Wenn irgendwo Flammen hochschlugen, war Alarm zu blasen und die Feuerglocke zu betätigen. Solange die Flammen zu sehen waren, musste die Feuerglocke je nach Zunehmen oder Nachlassen des Feuers mehr oder weniger stark weiter geschlagen werden. Außerdem kennzeichnete eine rote Fahne am Marktkirchenturm, dass Feuer in der Stadt ausgebrochen war. Der erste Turmwächter trat 1388 seinen Dienst im sicher höchst gelegenen Arbeitsplatz der Stadt an. Der letzte, „Papa Schwarz", wurde 1907 verabschiedet.

Mit dem Bau der Marktkirche war 1349 begonnen worden, der Turmbau endete 1366 vorzeitig. „Die Bauleute seind müde und im Säckel krank worden und haben dem Thurm an seinen vier Giebeln und Archen, best, wie sie gekunt zugedecket, diese itzige geringe Spitze hinauffgesetzet, und damit das Werck in den Schutz Gottes befohlen …" Mit anderen Worten: Die Form des ursprünglich geplanten Turms wurde einfach verkleinert als Dachreiter aufgesetzt.

Übrigens: Die älteste Kirche Hannovers ist die Kreuzkirche (1333), das älteste Gebäude ist die Nicolai-Kapelle an der Goseriede, erbaut 1284 als Kapelle eines Aussätzigen-Hospitals. Schräg gegenüber gab es bis in die 1970er Jahre einen der ersten Schnellimbisse Hannovers, Spezialität der „Rauhen Mütze" waren Pferdebratwürstchen.

Wann und warum verschwand die originale Kröpcke-Uhr?

A
Sie wurde in den 1940er Jahren, im Zweiten Weltkrieg, durch eine Splitterbombe zerstört

B
Sie passte in den 1950er Jahren nicht in die Zeit, was für eine Uhr tödlich ist

C
Sponsoren wollten in den 1960er Jahren eine neue Uhr mit mehr Platz für ihre Reklame

D
Sie stand in den 1970er Jahren der großen Baugrube für den U-Bahn-Bau im Wege

B

Die heutige Kröpcke-Uhr ist nicht das Original, das wurde in den „Fünfzigern“ restlos beseitigt. Die reich verzierte Uhr von 1885 passte nach Meinung der damaligen Stadtväter nicht mehr in die hannoversche Wiederaufbau-Zeit und wurde am 25. Oktober 1954 abgebrochen. Zwar gab es Proteste, aber das im Zweiten Weltkrieg beschädigte, doch keineswegs irreparable Stück kam dennoch zum Altmetall. Nachfolger an gleicher Stelle wurde eine schlichte, dreizifferblättrige Normaluhr, gestiftet vom Lister Möbellager. Dasselbe Modell wurde 1955 auch am Steintor und 1956 am Aegidientorplatz aufgestellt.
Die alte Kröpcke-Uhr war am 14. November 1885 in Betrieb genommen worden, gestiftet von hannoverschen Bürgern. Die mit ihr kombinierte Reklamesäule zeigte neben Thermo-, Baro- und Hygrometer auch aktuelle Wetterkarten und -meldungen. Die heutige Nachbildung wurde am 12. Dezember 1977 aufgestellt und feierlich den Hannoveranern übergeben. Sie zeigt nach vier Seiten die Zeit und manchmal auch Werbung oder Kunst, Wettermeldungen aber gibt´s am Kröpcke schon lange nicht mehr.
Übrigens: Nicht nur die Kröpcke-Uhr musste der Idee des Hannoverschen Wiederaufbaus zu einer „modernen“ Großstadt weichen. Auch die Garnisonkirche am Goetheplatz, die Schlosskapelle des Welfenschlosses, die „Tränenburg“ (Villa Willmer) an der Hildesheimerstraße und die Wasserkunst an der Leine nahe dem Leineschloss wurden – obwohl sie den Krieg nahezu unbeschadet überstanden hatten – abgerissen, um Platz für „zeitgemäße“ Bauten zu schaffen.

Welcher Hannoveraner macht bis heute als Menschenfresser von sich reden?

A
Heinrich

B
Andreas

C
Jacob

D
Lutz

A, B, C und D

Der Grabstein des Hannoveraners mit den drei Vornamen Heinrich Andreas Jacob gilt seit vielen Jahren als hannoversche Kuriosität. Der wackere Steinmetz, der einst den Namen des Verblichenen in den Sandstein klopfte, trennte die Worte auf sehr eigene und daher missverständliche Weise: „Hein/rich/Andre/as/ Jacob/ Lutz“ steht da nun in sechs Zeilen, nur eben wahlweise als Erinnerung an Heinrich Andre oder den von ihm anscheinend aufgegessenen Jacob Lutz zu lesen.
Das Grab befindet sich auf dem Gartenfriedhof neben der Gartenkirche an der Marienstraße, 1741 angelegt für die Bewohner der „Gartengemeinde“ vor dem Aegidientor und 1864 geschlossen. Noch ein anderes Grab auf dieser historischen Fläche ist berühmt: das „geöffnete“ Grab der Henriette von Rüling († 1782). Auf dem Erbbegräbnis ist die Inschrift eingemeißelt: „Dieses auf ewig erkaufte Begräbnis darf niemals geöffnet werden.“ Dem Drang zum Lichte folgend verschob aber eine Birke die Grabplatten, so dass der Eindruck eines offenen Grabes entstand.
Übrigens: Die meisten „berühmten“ Hannoveraner sind auf dem Stadtfriedhof Engesohde versammelt. Dort findet sich auch das Grab von Kurt Schwitters, dem weltbekannten DADA-Künstler, dem Hannover solche Sätze zu verdanken hat wie „Hunde bitte an die Leine zu führen“ oder „Hundekrankheiten bekommt der Hannoveraner nie“. Auf Schwitters Grabstein heißt es schlicht: „Man kann ja nie wissen.“

Wann fuhr in Hannover zum (bislang) letzten Mal eine echte Pferdebahn?

A
1872, im September

B
1972, im Januar

C
1897, im Dezember

D
1918, gleich nach Ende des Ersten Weltkrieges

B

Am 11. Januar 1972 wurde zum bislang letzten Mal in Hannover für eine Fahrt mit der Pferdebahn angespannt. Und das nicht, weil etwa ein hundertjähriges Jubiläum anstand – zwar fuhr 1872 tatsächlich zum ersten Mal eine Pferdebahn durch Hannover, aber das interessierte hundert Jahre später schon niemanden mehr. Anlass für die Fahrt war vielmehr die ZDF-Reihe „Aus Forschung und Technik“, für deren Ausgabe vom 26. Juni 1972, Thema „Stadtverkehr der Zukunft“, eine Minute und elf Sekunden Film für die Einleitung benötigt wurden.

Gegen zehn Uhr an jenem Winterdienstag wurden also zwei Kaltblüter der Herrenhäuser Brauerei angespannt. Normalerweise zogen sie eines der zwei Traditionsgespanne der Brauerei, mit denen diese noch viele Jahre in der Innenstadt Bier auslieferte. Jetzt zuckelten sie mit einem echten alten Pferdebahnwagen vom Betriebshof an der Glocksee über Grotefend- und Königsworther Straße zum Königsworther Platz. Und wieder zurück. Zwei Stunden lang, bis der ZDF-Redakteur mit den Kamerabildern zufrieden war.

Übrigens: Die erste Pferdebahn Hannovers fuhr am 14. September 1872 zwischen Steintor und Döhren, die letzte machte am 18. Dezember 1897 die Gleise für die „Elektrische“ frei. Und 1918 wurde die letzte hannoversche Pferde-Omnibuslinie eingestellt.

Was verbindet Hannover und Pattensen?

A
Postreiter

B
Postkutsche

C
Postbus

D
Postverteilung

D

Seit dem 27. November 1996 werden alle Hannover per Post erreichenden und verlassenden Briefe in Pattensen sortiert. Dort steht eines der 82 Briefverteilzentren der deutschen Post AG. Die „Niederlassung Briefzentrum Hannover“ gehört zu den bundesweit neun größten Briefzentren und bearbeitet überwiegend vollautomatisch zwischen 3 und 4,5 Millionen Briefsendungen täglich. Auf dem Stempel abgehender Sendungen steht nun freilich nur noch „Briefzentrum 30“, nicht mehr „Hannover“, „Barsinghausen“ oder „Peine“. Ankommende Sendungen werden für die Zusteller bereits in „Gangfolge“ vorsortiert, also nach deren Vorgaben genau so, wie sie ihre Tour zurücklegen. In einem Briefzentrum gibt es auch solche geheimnisvollen Dinge wie die TaBo, die „Teilautomatisierte Briefordnerei zur manuellen Formattrennung und Stempelung von Groß- und Maxibriefen sowie zur automatischen Vereinzelung und Ausrichtung von Postkarten, Standard- und Kompaktbriefen (SKBf)“ sowie Anschriftenlese- (ALM) und Videocodiermaschinen (VCM).

Übrigens: Die direkte Busverbindung zwischen Hannover und Pattensen geht tatsächlich auf Postbuslinien zurück. Und wenn der Hannoveraner mal einen kleinen Umweg macht, dann fährt er eben über „Pattensen und Peine nach Paris“.

Für welches Druckerzeugnis wurde ein hannoversches Verlagshaus im Jahr 2001 mit einem 1. Preis ausgezeichnet?

A
für einen Bildband

B
für ein Kinderbuch

C
für ein Telefonbuch

D
für ein Kochbuch

C

Für ein „vorbildliches“ Telefonbuch!

Die „Gelben Seiten für den Bereich Hannover, Laatzen, Langenhagen, Ausgabe 2001/2002“ wurden im September 2001 mit dem 1. Preis des EADP-Award ausgezeichnet. Auslober ist der Branchenverband der Europäischen Adressbuch- und Datenbank-Verleger. Hannover hatte also Europas bestes Branchen-Telefonbuch, herausgegeben von der Schlüterschen Verlagsanstalt gemeinsam mit der Telekom. Prämiert wurden Übersichtlichkeit, Gestaltung und Nutzerfreundlichkeit im Bereich „gedruckte Verzeichnisse Business-to-Customer“. Der 1966 gegründete Verband EADP mit Sitz in Brüssel zählt heute weltweit 190 Mitglieder in 37 Ländern. Im Jahr darauf gab es dann einen zweiten Platz des schon seit 1920 bestehenden nationalen Verbandes Deutscher Auskunfts- und Verzeichnismedien e.V. (VDAV) in der Kategorie Marketing für das hannoversche „GelbeSeiten“-Café am Hauptbahnhof.

Übrigens: Eine hannoversche Tageszeitung sammelt geradezu Auszeichnungen – der Neuen Presse wird in unterschiedlichen Disziplinen Jahr für Jahr ein European Newspaper Award zuerkannt.

Welche hannoversche Schule hat ihr eigenes Planetarium?

A
die Bismarckschule

B
die Herschelschule

C
die Freie Waldorfschule am Maschsee

D
die IGS Linden

A

Die Bismarckschule am Maschsee, 1908 bis 1911 von Johann de Jonge erbaut. Die grüne Kupferkuppel des schuleigenen Planetariums ist weithin sichtbar, naheliegenderweise ist die Bismarckschule auch Hannovers einziges Gymnasium mit einer Astronomie-AG. Zur Zeit unterrichten etwa 65 Lehrer rund 1050 Schüler (zum Vergleich: Hannovers größtes Gymnasium ist die Goetheschule mit 1120 Schülern und 70 Lehrern).

Die Bismarckschule ist Unesco-Schule, Spanisch wird als zweite Fremdsprache gelehrt, ab Klasse 10 kann auch Italienisch gewählt werden. Absolventen der Bismarkschule sind unter anderen der SPD-Politiker, Wissenschaftler und Publizist Peter Glotz, der stellvertretende Chefredakteur der Neuen Presse Bodo Krüger sowie der Geschäftsführer des Friedrich-Bödecker-Kreises Udo von Alten.

Übrigens: Die IGS Linden hat kein eigenes Planetarium, ist aber nur wenige Minuten zu Fuß von Hannovers „offizieller" Sternwarte auf dem Lindener Berg entfernt. Auch die Freie Waldorfschule am Maschsee hat kein Planetarium, in der Freien Waldorfschule Bothfeld aber soll als Projektarbeit eine kleine Sternwarte eingerichtet werden. Und Namensgeber der (ebenfalls planetariumslosen) Herschelschule sind die 1738 und 1750 in Hannover geborenen Geschwister Friedrich Wilhelm und Karoline Herschel, Friedrich Wilhelm entdeckte unter anderem 1781 den Uranus, Karoline 8 Kometen.

Welcher hannoversche Bunker diente zeitweise als Hotel?

A
der Bunker unter dem Klagesmarkt

B
der Bunker in der Tonstraße in Linden-Süd

C
der Bunker am Welfenplatz

D
ein Bunker unter dem Ihmezentrum in Linden

A und C

Unter dem Klagesmarkt befindet sich tatsächlich ein Bunker. Das hannoversche Hotelverzeichnis von 1951 nennt als billigste Unterkunft eben dieses „Bunkerhotel Klagesmarkt“, Fernruf 25963, Inhaber Hans Schlott, 90 Betten. Übernachtung pro Bett zwei bis drei DM. Geboten wurden Frühstück, Mittag- und Abendessen, allerdings gab es weder eine Zentralheizung noch Bäder, Aufzug, Garage oder gar Sitzungsräume in dieser etwas anderen Herberge. Immerhin ein „Sitzungszimmer“ bot aber schon 1951 das „Bunkerhotel Welfenplatz“ mit 150 Betten. Hier kostete die Übernachtung auch gleich ein wenig mehr: 2,50 bis 4.– DM. Zum Vergleich: Das Regina-Hotel, Ernst-August-Platz 5 vis-à-vis dem Hauptbahnhof, verlangte als teuerste Adresse der Stadt damals pro Nacht 7,50 bis 15.– DM.

Übrigens: In einem Sammelpunkt aus bunten Stahlcontainern am Welfenplatz-Bunker (der schon lange kein Hotel mehr ist) gibt es heute Wohn- und Übernachtungsmöglichkeiten für obdachlose Jugendliche. Und der Bunker in der Tonstraße in Linden-Süd bot über lange Zeit – nomen est omen – Übungsräume vor allem für hannoversche Rockbands.

Als was diente ursprünglich das Gebäude des Kultur- und Kommunikationszentrums „Pavillon“ zwischen Weißekreuzplatz und Raschplatz?

A
als Kaufhaus-Provisorium

B
als Parkhaus

C
als Unterkunft der Bahnhofsmission

D
als Taxizentrale

A

Der „Pavillon“ diente tatsächlich als provisorisches Kaufhaus während des Umbaus von „Defaka“ (Deutsches Familienkaufhaus). Nach Fertigstellung des neuen Kaufhauses an der Schmiedestraße wurde der leer stehende Pavillon 1974 von der Bürgerinitiative Raschplatz e.V. als „selbstverwaltetes Haus für Kultur, Soziales und Politik“ erstritten und ist heute eines der ältesten soziokulturellen Zentren Deutschlands. Politische Veranstaltungen und Aktionen kennzeichnen die Geschichte des Pavillons, der Pavillon hat Bühne und Räume für Konzerte, Theater, Lesungen, Diskussionen, Kulturfeste und Partys, pro Jahr werden etwa 360 Veranstaltungen angeboten, dazu gehört auch das Welt-Beat-Festival „Masala“, das Weltmusik bekannter KünstlerInnen präsentiert. Die Stadt ist Eigentümerin des Gebäudes und unterstützt die Arbeit durch eine jährliche Beilhilfe, drei Viertel des Haushalts allerdings müssen durch Einnahmen aus Veranstaltungen, Stiftungen und Spenden erwirtschaftet werden.
Übrigens: Vor dem Pavillon erinnert der gelbe „Gorleben-Stein“ an den legendären Demonstrations-Treck 1979 gegen Atomkraft und das Atomendlager in Gorleben, an dem über 100.000 Menschen teilnahmen. Runde zwanzig Jahre später wurde auf dem Flachdach des Pavillons eine Solaranlage eingeweiht, der „Solar-Pavillon“ erzeugt pro Jahr 36.000 Kilowattstunden und hat längst Symbolcharakter für die sinnvolle Nutzung alternativer Energien.

Was verkauften Österreicher in den 1920er Jahren am Raschplatz?

A
Ottakringer Bier und Amselfelder Rotwein

B
Benzin und Öl

C
Edelweiß und Enzian

D
Filz- und Strickwaren

Benzin und Öl. Am Raschplatz stand 1923 die erste öffentliche Tankstelle Deutschlands. Seit 1909 war das „Exportbüro der Österreichischen Raffinerien" unter dem Markennamen OLEX auf dem deutschen Markt aktiv. Mit der Zeit sank der Bedarf an Leuchtöl, während der an Benzin als Treibstoff für Fahrzeuge stieg. Bislang dominierte der Verkauf aus Kannen und Fässern bei Kolonialwarenhändlern und Gastwirten, Drogerien und Apotheken hielten ebenfalls Benzin bereit. Auch Öllager verkauften den „Sprit", beispielsweise am Lindener Hafen. Ab 1922 gab es auf Privatgrund erste „eiserne Jungfrauen", handbetriebene Benzinpumpen auf Höfen, mit darunter liegendem Tank. Die OLEX aber wollte anders als die Konkurrenz Tankmöglichkeiten im öffentlichen Raum schaffen. So eröffnete in Hannover am Raschplatz im Januar 1923 das erste „Tankhaus" Deutschlands. Ein fester Rundbau, 3,2 Meter hoch, verziert und innen mit Zapfanlage, Luftkompressor zum Füllen der Reifen, Heizung und ein wenig Platz für den Tankwart. Und die OLEX erhielt (bis 1928) ein Monopol für den Kraftstoffverkauf auf öffentlichem Grund in Hannover.
Übrigens: Hannover war auch die erste Stadt auf dem Kontinent, die Gasbeleuchtung hatte! Und 1903 absolvierte der Hannoveraner Karl Jatho auf der Vahrenwalder Heide den ersten Motorflug der Welt – zwar kam er nur etwa 20 Meter weit, aber das doch immerhin noch vier Monate vor den Brüdern Wright!

Was steht auf einem Hinweisschild zur hannoverschen Müllkippe in Altwarmbüchen?

A
Müllkippe

B
Zentraldeponie

C
Restmüllentsorgungsplatz

D
Abfallbehandlungszentrum

D

Das Schild an der Kirchhorster Straße/Ecke Moorwaldweg weist Hannovers Müllkippe tatsächlich als „Abfallbehandlungszentrum“ aus.

Die „Deponie Lahe“ im Altwarmbüchener Moor entstand 1937. Bereits um 1900 waren Müllabfuhr und Stadtreinigung in öffentliche Hand übergegangen, die Stadt hatte mehrere Müllabladeplätze angelegt, die schlicht als „Dreckberge“ bezeichnet wurden. Diese Dreckberge waren an der Constantinstraße in der Oststadt, An der Breiten Wiese in Misburg/Kleefeld und An der alten Leine in Linden. Der neue Berg vor den Toren der Stadt erreichte 1982 eine Höhe von 122 Metern über N.N., „Monte Müllo“ ist damit die höchste Erhebung in Hannover. Basis der Deponie ist eine Mergelaufschüttung, die beim Bau des Mittellandkanals ausgehoben wurde. 2003 wurde der „Zweckverband Abfallwirtschaft Hannover“ (aha) gegründet – als Zusammenschluss von Stadt und Region im Entsorgungsbereich.

Übrigens: Hinter der Müllkippe in Richtung Misburg befindet sich der Sonnensee, Hannovers FKK-Gelände. Für weitaus größere „Skandale“ aber sorgte bereits wiederholt die 2005 eingerichtete Müllverbrennungsanlage auf dem Areal der Deponie selber, eine Bürgerinitiative kritisierte vor allem die nicht ausreichenden Filter sowie den zu erwartenden „Müll-Tourismus“, da die Anlage unverhältnismäßig groß konzipiert war. Prompt kam es schon in der Startphase zu zwei Störfällen aufgrund technischen Versagens.

Worauf steht das Neue Rathaus?

A
auf Baumstämmen

B
auf Stahlstützen

C
auf gemauerten Pfeilern

D
auf Streifenfundamenten aus Beton

A

Das hannoversche Neue Rathaus wurde 1901 bis 1913 auf Buchen- und Kiefernpfählen errichtet, weil der Baugrund am Nordrand der Masch zunächst nicht genügend tragfähig war. In städtischen Unterlagen ist die Zahl von 6026 Buchenpfählen überliefert, die mit ihren sechs bis achteinhalb Metern Länge senkrecht in den Boden gerammt wurden. Einer der beteiligten Baumeister soll sogar die Zahl von 12.500 Stämmen notiert haben. Des Weiteren wurden einige bis über 12,20 Meter lange Kiefernpfähle verbaut, insbesondere in den Bereichen der späteren Fundamente des mittigen Kuppelbaues. Die Kiefern ließen sich aber offenbar nicht so glatt in den Boden bringen und splitterten teilweise.
Alle Stämme sollen einen Durchmesser von 25 bis 28 Zentimeter haben. Ihre Tragfähigkeit wurde mit jeweils 20 Tonnen angenommen, ist aber wohl höher, und die Baumstämme haben selbst infolge der mit den U-Bahn-Bauten verbundenen Grundwasserabsenkungen nicht gelitten. Ein Austausch der Stämme wäre allerdings auch nicht möglich!
Übrigens: Während des zwölfjährigen Rathausbaues war ein Todesopfer unter den Bauarbeitern zu beklagen – am 12. August 1903 wurde der Maurer Heinrich Honig von einem herabfallenden Eisenteil am Kopf getroffen und war sofort tot.

Welche hannoversche Straßenverbindung steckt hinter dem Namen Walter-Großmann-Weg?

A
die Herrenhäuser Allee

B
der heutige Großmannweg

C
die vormalige Schlossallee

D
einer der Radwege durch die Eilenriede

A

Als Walter-Großmann-Weg wurde 1987 der parallel zur Herrenhäuser Allee verlaufende Radweg benannt. Während die Herrenhäuser Allee als Fußweg zwischen den Lindenbäumen liegt, verläuft der Walter-Großmann-Weg wenige Meter südwestlich neben ihr außerhalb der Baumreihe. Walter Großmann (1897–1980) war zwischen 1947 und 1968 Professor für Geodäsie an der Technischen Hochschule Hannover, der heutigen Universität. Er nutzte den schnurgeraden Weg als Eichstrecke für seine Messungen.

Die rund zwei Kilometer lange Herrenhäuser Allee selbst wurde 1726/27 angelegt und bestand ursprünglich aus drei parallelen Wegen: jeweils einer für Fußgänger, Reiter und Wagen. 1200 Linden in Viererreihe sind Charakteristikum der Allee, sie wurden zuletzt 1972 neu angepflanzt.

Übrigens: Der Großmannweg (ohne einen Vornamen) dagegen ist ein winziger Stichweg in der Altstadt direkt neben dem Ballhof-Neubau. Er wurde 1996 nach dem Schauspieler und Schauspieldirektor Gustav Friedrich Wilhelm Großmann (1743–1796) benannt. Eine Schlossallee gab und gibt es in Hannover nicht. Die Radwege durch die Eilenriede heißen schlicht Radwege.

Welches Relikt aus den 1960er Jahren fällt heute am Geha-Platz in Groß-Buchholz deutlich aus dem Rahmen?

A
die Podbi-Brücke

B
das Geha-Werk

C
ein Optik-Laden

D
das Pissoir

C

Der Laden von Udo Timm im „Geha-Haus" – mit der stilisierten Fünfziger-Jahre-Brille über der Tür und der Original Agfa-Reklame – wirkt, als sei die Zeit spurlos an ihm vorübergegangen. Auch Ladentheke und Regale sind unverändert „stilsicher", einzig die Brillenmodelle haben sich geändert.

Geändert haben sich auch Läden und Ladenbesitzer links und rechts von „Brillen Timm", wo früher die Ahrberg-Fleischerei war, ist heute ein Döner-Laden, das Mittagslokal „Roseneck" musste schon vor langem einer Bankfiliale weichen. Auch die Polizeiwache im Hinterhof ist ausgezogen, und sowohl die Kanalbrücken der Podbielskistraße als auch des Großbuchholzer Kirchweges sind mittlerweile moderne Stahlkonstruktionen, das alte Geha-Werk wurde in den 1990er Jahren als „Geha-Carré" in Büroräume umgewandelt, das öffentliche WC an der neuen Bushaltestelle erhielt im Zuge der Neugestaltung des Platzes ein moderneres „Häuschen", und selbst das Noltemeyer-Haus musste sich einige Bemühungen um ein moderneres Erscheinungsbild gefallen lassen – wenn auch ohne nennenswerten Erfolg.

Übrigens: Nur wenige Meter weiter, auf der anderen Seite des Mittellandkanals, produzierte früher eine Firma mit Weltruf in einem eher unscheinbaren Gebäude von der Größe eines Zweifamilienhauses – heute erinnert nur noch der Name der Straße „Läuferweg" an den Radiergummihersteller, die Produktion wurde nach Burgdorf verlagert und in der Zwischenzeit auch auf andere Büroartikel ausgeweitert.

In welchem hannoverschen Theater wurden zwei große Kinomaschinen eingemauert?

A
im Klecks-Theater im Alten Magazin

B
im Theater am Aegi

C
im Schauspielhaus an der Prinzenstraße

D
im Ballhof

B

Im Theater am Aegi, das 1953 im Auftrag der Ufa als Erstaufführungskino mit Theaterbühne für Varieté und Kabarett gebaut wurde. Die Kinomaschinen waren so groß und schwer, dass sie schon in den Rohbau eingesetzt werden mussten. 1964 wurde das Theater am Aegi von der Stadt Hannover übernommen, am 20. Dezember desselben Jahres brannte es aus. Nur der Bühnenraum blieb intakt, ihn hatte der eiserne Vorhang geschützt. Das Interieur des Hauses wurde 1965 bis 1967 erneuert, danach wurde das „Aegi“ nur noch als Theaterspielstätte genutzt.

1984 war das Haus während des Umbaues der Oper Ausweich-Spielstätte der Staatsoper, bis 1987 Spielort der in Hannover ansässigen Niedersächsischen Landesbühne. 1994 wurde das Theater am Aegi erneut umgestaltet und danach privatisiert, hat heute 1168 Plätze, seine Bühne misst gewaltige 17 Meter Breite und hat damit die breiteste Portalbühne Deutschlands, auf dem Spielplan stehen heute ausschließlich Gastspiele. Bis vor einigen Jahren wurden die Kinomaschinen auch noch regelmäßig gewartet, inzwischen warten sie nur noch auf den Abtransport ins Kino-Museum. Das allerdings würde zunächst ihre vollständige Zerlegung erfordern – oder den Abriss des „Aegis“!

Übrigens: Die Holzverkleidung im Zuschauerraum stammt von einer Tischlerei aus dem Landkreis Hildesheim, die auch Kreuzfahrtschiffe ausstattet.

Welche Form hat – von oben betrachtet – das Gebäude der Staatlichen Hochschule für Musik und Theater am Emmichplatz am Rande der Eilenriede?

A
die Form einer Bassgeige

B
die Form einer Trompete

C
die Form eines menschlichen Ohres

D
die Form einer Note

C

Die Form eines menschlichen Ohres, was allerdings nur aus der Vogelperspektive erkennbar ist!

Die Hochschule am Emmichplatz wurde 1972 von Rolf-Dieter Ramcke gebaut und galt als eines der modernsten Gebäude, das eigens für den Zweck einer künstlerischen Hochschule gebaut wurde. Heute werden etwa 1.200 Studenten in 20 Studiengängen zu Musikern, Schauspielern, Musiklehrern und Musik- und Medienwissenschaftlern ausgebildet. Schon lange reicht das „Ohr" nicht mehr aus, die Fachbereiche sind auf vier Standorte verteilt, einer davon befindet sich auf dem ehemaligen EXPO-Gelände.

Absolventen der Hochschule sind Fernseh- und Filmschauspielerlnnen wie Ulrike Folkerts („Tatort"), Suzanne von Borsody, Katja Riemann, Renan Demirkan, Matthias Brandt u.v.a. Bei nationalen und internationalen musikalischen Wettbewerben ist die Zahl der Preisträger aus der „Musik-Hochschule", wie man in Hannover immer noch gerne sagt, groß.

Die Hochschule wurde 1897 als Konservatorium für Musik gegründet, 1950 zur Akademie für Musik und Theater, 1958 schließlich zur Hochschule.

Übrigens: Auf dem Platz der Hochschule stand von 1894 bis 1970 die Waldgaststätte „Neues Haus", früher war hier eine Pest-Quarantänestation für Besucher Hannovers. Die Arkaden der ehemaligen Gaststätte finden sich heute auf dem Platz vor der Hochschule.

Welches weltbekannte Logo wurde kurzfristig und für einen sehr geringen Lohn entwickelt?

A
der Hermeskopf der Messe-AG

B
das Pferdelogo der Continental

C
der TET-Schriftzug von Bahlsen

D
der stilisierte Pelikan von Pelikan

A

Der Hermeskopf der Messe kam spät und blieb bis heute. Vor der Exportmesse 1947, die als Versuch begann und zum Welterfolg wurde, waren Maler und Grafiker aufgerufen, einen Werbe-Entwurf einzureichen. Der Messedirektion, die eine einigermaßen feste Vorstellung vom Ergebnis gehabt haben soll, gefiel jedoch keine der eingereichten Arbeiten. Kurzfristig bat man daher den seit 1927 bereits erfolgreichen Grafiker Paul Rademacher (1901-1985) um einen Entwurf. Rademacher hatte sich am Wettbewerb nicht beteiligt, weil er in seinen Überlegungen frei von Vorgaben sein wollte. Über Nacht entstand aus seiner erfahrenen Hand der stilisierte Hermeskopf: Rademacher entwickelte zwei sich kreuzende Linien, die Flügelhut und rufenden Mund ausbilden. Sein Honorar dafür soll sehr gering gewesen sein, gemunkelt wird von der einmaligen Zahlung einer Summe zwischen 50,– und 500,– Mark. Das Logo aber wurde weltbekannt und erst im Jahr 2000 ein wenig aufgefrischt. Götterbote Hermes leitete Reisende, Hirten und ihre Herden, vor allem aber ist er Schutzheiliger der Kaufleute, das passt ohne Frage gut zur Messe. Allerdings ist Hermes auch der Beschützer der Diebe – eventuell hat Grafiker Rademacher sich da also hintersinnig eine kleine Spitze erlaubt!

Übrigens: Man kann einen „Hermes-Kopf“ auch besteigen, nämlich den 611 Meter hohen Berg bei Erndtebrück im Naturpark Rothaargebirge.

Welchen Platz bezeichnete ein hannoverscher Architekt als „selbstmörderischen Verzicht einer Stadt auf eine ihrer wichtigsten Stadtstrukturen“?

A
das Kröpcke

B
das Steintor

C
das Aegi

D
den Lister Platz

A

Friedrich Lindau (1915–2007), hoch angesehener Architekt, aber auch Kritiker hannoverscher Stadtplanung, empörte sich über die Umgestaltung der Stadtmitte in Zusammenhang mit dem heutigen Kröpcke-Café. Nach Lindaus Ansicht waren weder die Planungen noch der Bau oder die späteren Erweiterungen zu entschuldigen. In seinem Buch „Hannover – Wiederaufbau und Zerstörung" befasste er sich ausführlich mit dem Areal zwischen Kröpcke und Theaterplatz. Ratsmitglieder seien schlicht belogen worden, die Errichtung des Cafés (Grundsteinlegung 27. Oktober 1975) sei der selbstmörderische Verzicht einer Stadt auf eine ihrer wichtigsten Stadtstrukturen. In dem Haus sei kein Platz für hannoversches Flair, das die Hannoveraner zuvor noch eingefordert hatten. Die bebaute Fläche habe bei 1000 Quadratmeter liegen dürfen, messe tatsächlich aber 1500 m^2. Das Projekt sei stadt-unverträglich geworden. Heute seien es durch das EXPO-Café sogar 2000 m^2 bebauter Fläche, die städtebauliche Zerstörung des einstigen Theaterplatzes sei damit vollendet. Zugleich sei die Rathenaustraße zwischen Bahnhof- und Luisenstraße durch den Tonnendachbau zu einer nur fünf Meter breiten „Kanüle" degradiert worden, so Lindau.

Übrigens: Vor allem mit dem hannoverschen Stadtbaurat Rudolf Hillebrecht ging Lindau ins Gericht. Beim Wiederaufbau von Hannover hätte es an Anerkennung und Weiterführung historischer Fakten gefehlt. Beim Versuch, modern zu sein, wurden Stadträume zerstört und ihrer Identität beraubt, erklärte der kritische Architekt.

In welcher Stadt konnte ein eigens entsandter Linienbus der Üstra an keiner einzigen Haltestelle Passagiere aufnehmen?

A
in Leipzig

B
in Bristol

C
in Hiroshima

D
in Poznan

B

In Bristol. Am 13. Juni 1987 verließen zwei Männer und ein Linienbus Hannover. Ihr Ziel war die Stadt Bristol in Großbritannien, die sie 26 Stunden später ereichten. Thomas Orme, Busfahrer und gebürtiger Engländer, und Günter Limbach, späterer Üstra-Arbeitsdirektor und Weltreisender, hatten ihren lindgrünen Bus anstelle von Fahrgästen mit 2500 Flaschen „Jubiläumsbier" der Gilde-Brauerei beladen. Eine Kiste ging in Hoek van Holland drauf, um die Einschiffung flüssiger zu gestalten. In Bristol wurde das 40. Bestehen der im August 1947 begründeten Städtepartnerschaft gefeiert. Nur auf Linie fahren konnte der Bus dort nicht – Fahrerplatz und Türen waren auf der falschen Seite.

Übrigens: Leipziger Busse waren während der EXPO in Hannover im Einsatz, sie gleichen äußerlich den hiesigen Designbussen der EXPO-Zeit. Aus der Nähe von Poznan kommen hingegen die aktuellen Linienbusse der Üstra: Sie werden dort gebaut. Und in Hiroshima rollt eine hannoversche Straßenbahn als Touristenattraktion. Wie die Briten fahren die Japaner zwar links – doch die 1950 gebaute Bahn, ein Geschenk Hannovers an die Partnerstadt, hat auf beiden Seiten Türen ...

Welcher Hannoveraner zaudert schon seit Jahrzehnten immer aufs Neue vor dem Sprung ins flache Wasser?

A
der jeweilige Oberbürgermeister beim jährlichen Neujahrsschwimmen im Maschteich hinterm Rathaus

B
das Ebenbild eines namenlosen Schwimmers unweit des Strandbades am Maschsee

C
der Vorsitzende des Bezirksverbandes der Kleingärtner beim traditionellen Erntedanktauchen im Annateich

D
der Chef der Herrenhäuser Gärten beim ersten Lichterfest der Saison rund ums Becken der großen Fontaine

B

Die jüngste Statue aus der Entstehungszeit des Maschsees ist der „Schwimmer“ von Erich Haberland. Erst 1948 kam er ans Seeufer, in unmittelbare Nähe zum Sandstrand des Strandbades. In Sprungpose steht er dort und wartet. Stilistisch ist er mit dem Fackelträger (Prof. Hermann Scheuernstuhl, 1937) und dem Menschenpaar (Georg Kolbe, 1937) verwandt. Der „Schwimmer“ – er heißt nicht, wie immer wieder zu hören, „Springer“ – stammt aus der Werkstatt von Erich und Herbert Haberland, einer Bildgießerei, die auch die Bombenschäden an den zwei Löwen der Löwenbastion beseitigte. 60 Jahre also ist der nackte Bronzeschwimmer alt, und dem Wasser noch keinen Zentimeter näher gekommen. Mit seinem Zaudern setzt er sich auch deutlich von den eher aggressiven Löwen des „Reichslieblingsbildhauers“ Arno Breker ab, mit denen alle übrigen Kunstwerke am Maschsee nur allzu gern in Sippenhaft genommen werden.

Übrigens: Neujahrsschwimmen, Erntedanktauchen oder Lichterfestbegleitbaden gibt es in Hannover nicht; die genannten Herren bleiben stets so trocken wie der „Schwimmer“. Allerdings machte sich der Bürgermeister Otto Barche einen Namen, indem er von 1956 bis 1976 die jeweilige Freibadesaison mit einem beherzten Kopfsprung in das um diese Zeit noch sehr kühle (und damals noch nicht beheizte) Nass des Kleefelder Bades eröffnete. „Anschwimmen“ hat man dieses Ereignis genannt.

Welches Gebäude auf dem Areal des Messegeländes stand zuvor schon auf der Weltausstellung 1958 in Brüssel, blieb dann in Hannover aber an allen 153 Tagen der EXPO für das Publikum verschlossen?

A
die Münchener Halle

B
der Pavillon der USA

C
die belgische Halle

D
der Pavillon der UdSSR

A

Die „Münchener Halle“, weltweit größtes Messerestaurant, blieb während der EXPO geschlossen. Die damaligen Betreiber waren mit der EXPO-Gesellschaft uneins. In der verschlossenen Halle wurde dann lediglich für einen großen Partyservice gearbeitet. Die Münchener Halle aber war schon bei der Weltausstellung 1958 in Brüssel als Teil der deutschen Pavillongruppe dabei, wurde dann dort ab- und auf dem hannoverschen Messegelände wieder aufgebaut. Die im Stil eines Oktoberfestzeltes gehaltene Halle bietet 3200 Plätze und von der Speisekarte bis zur Musik rein bayrische Kost. Geöffnet ist sie nur zu den Großmessen. Die USA haben als einer von ganz wenigen Staaten gar nicht an der EXPO 2000 teilgenommen und die UdSSR war zur Brüsseler Weltausstellung 1958 nicht eingeladen, im Jahr 2000 gab es sie dann schon nicht mehr.
Übrigens: Auch der sogenannte „Skywalk“, die silbrige Rollsteig-Röhre zwischen den südlichen Parkplätzen und der „Exponale“ war während der EXPO nicht in Betrieb. Er war zwar eigens für die Weltausstellung errichtet worden, aber das eine Ende des Skywalks lag außerhalb des EXPO-Geländes, und böse Zungen behaupten, man hätte schlicht und einfach die Kassenhäuschen vergessen gehabt!

An welcher Stelle der britischen Thronfolge steht Prinz Ernst August von Hannover aus dem Geschlecht der Welfen heute?

A
an vierter Stelle, gleich nach dem Sohn der Queen, Prinz Charles, und dessen zwei Söhnen

B
an 167. Stelle und somit gleich nach den Windsors

C
an 365. Stelle, nach verschiedenen anderen Verwandten

D
an gar keiner

Prinz Ernst August von Hannover, genauer gesagt Albert Paul Otto Rupprecht Oskar Berthold Friedrich-Ferdinand Christian-Ludwig Prinz von Hannover, Herzog zu Braunschweig und Lüneburg, hat keine Chance mehr auf den britischen Thron. Der Grund: Durch die Heirat mit einer Prinzessin katholischen Glaubens – Caroline Louise Marguerite Grimaldi (geb. 23. Januar 1957 in Monaco), nunmehrige Caroline Louise Marguerite Prinzessin von Hannover, Herzogin zu Braunschweig und Lüneburg, Prinzessin von Monaco – sind er und seine Nachkommen aus dieser Verbindung (bislang nur Alexandra Charlotte Ulrike Maryam Virginia Prinzessin von Hannover, geb. 20. Juli 1999) von der britischen Thronfolge ausgeschlossen. Irgendwie bitter, sind doch die „Windsors" letztlich nichts anderes als das vormalige „Haus Hannover". Sie änderten 1917 ihren Namen, eine der Begleiterscheinungen des Ersten Weltkrieges. Im „Act of Settlement" heißt es wörtlich: „A Roman Catholic is specifically excluded from succession to the throne; nor may the Sovereign marry a Roman Catholic."

Übrigens: Zumindest finanziell muss sich der am 26. Februar 1954 in Hannover geborene Prinz keine Sorgen machen – sein Vermögen wird auf rund 400 Millionen Euro geschätzt, besteht allerdings hauptsächlich aus nicht veräußerlichen Immobilien wie der Marienburg bei Pattensen. Die gängigsten Spitznamen des Prinzen sind aufgrund verschiedener, nicht besonders nobler Vorfälle die Bezeichnungen „Prügel-Prinz", „Pinkel-Prinz" oder „Prinz Haugust".

Was genau ist eine Lüttje Lage?

A
die Dezernenten-Besprechung beim Oberbürgermeister

B
ein königlich-hannoverscher Wein aus den Gewächshäusern im Berggarten

C
ein speziell zu handhabender Mix aus Schankbier und Weizenkorn

D
eine hannoversche Bezeichnung für Streichholzbriefchen

C

Die „Lüttje Lage“ ist (neben dem Gersterbrot) wahrscheinlich Hannovers einzige originäre Spezialität – ein Getränke-Mix aus Bier und Korn, die zugleich, aber doch aus verschiedenen Gläsern getrunken werden. Für echte Hannoveraner und gestandene Schützenfestbesucher kein Problem, denn das richtige – und das heißt zu allererst: tropffreie – Trinken einer Lüttjen Lage ist irgendwo zwischen Traditionssport und Partyspaß angesiedelt. Benötigt wird neben einer gesunden Leber und einer ruhigen Hand ein kleines Glas mit 5 cl Lüttje-Lagen-Bier, einem obergärigen Schankbier mit etwa 2,8 Volumenprozent Alkohol und 7,5 % Stammwürze. Das wird zur Schützenfestsaison eigens gebraut. Das kleine dicke (und bruchsichere!) Glas wird wie gewohnt zwischen Daumen und Zeigefinger genommen, dazu aber nun zwischen Mittel- und Ringfinger derselben Hand noch ein Schnapsglas mit einem Zentiliter 32%igem Korn geklemmt. Beim Trinken wird das Schnapsglas so reguliert, dass der Korn innen im Bierglas nach hinten rinnt und sich mit dem Bier vermischt. Für Anfänger gibt´s sinnigerweise spezielle Papier-Lätzchen. Serviert werden Lüttje Lagen gern meterweise zu elft, was die Geselligkeit zusätzlich fördert.

Übrigens: Das hannoversche Schützenfest ist mit jährlich rund zwei Millionen Besuchern das größte der Welt. Und die in der Regel nur aus 6 Dezernenten bestehende Dezernentenrunde beim Oberbürgermeister findet wöchentlich ohne Lüttjen Lagen statt, es gibt nur Mineralwasser, Säfte und Kaffee.

Was sorgte Anfang 2008 im feinen Kirchrode für Unruhe?

A

die als unpassend zum Stadtteil empfundenen „schweinebillig!"-Preise einer Discount-Kette

B

die als unpassend zum Stadtteil empfundenen Küchengerüche eines auf Schweinefleisch spezialisierten Restaurants

C

die als unpassend zum Stadtteil empfundenen Pläne eines Pharmakonzerns zur Schweinehaltung

D

die als unpassend zum Stadtteil empfundene Idee, neben den Wildschweinen auch gewöhnliche Hausschweine im Tiergarten anzusiedeln

C

Im Jahr 2008 plante der Pharmakonzern Boehringer-Ingelheim in Kirchrode einen Stall für 1.000 Schweine. Die „Tierhaltungseinrichtung“ sollte Teil einer 35-Millionen-Euro-Investition in Kirchrode mit einem Forschungszentrum für Tierimpfstoffe sein, in unmittelbarer Nachbarschaft zur „Außenstelle“ der Tierärztlichen Hochschule (TiHo) am Bünteweg gelegen. Aber die Tierhaltung stank so manchen Bewohnern des nobleren Stadtteils. Wenn es in Kirchrode nach Schwein rieche, verliere der bevorzugte Standort an Wohnqualität, Häuser und Wohnungen würden im Wert sinken, so die Argumentation. Man werde die „Forschungsschweine“ trotz Abluftfiltern nicht riechen, beteuerte Boehringer, doch die Kirchröder haben feine Nasen: „Schon wenn 20 TiHo-Schafe weiden, weht uns eine Landbrise auf die Terrasse“, wurde der Wortführer der Schweinegegner, ein Anlieger und Inhaber eines Kirchröder Steakhauses (!) zitiert.

Übrigens: Kranke Wild- und Hausschweine werden in der TiHo am Bischofsholer Damm behandelt. Die „Königliche Rossarzney Schule“ von 1778 ist zwar auf Pferde spezialisiert, hilft aber auch anderem Getier. Dabei machte in den 1980er Jahren ein Keiler von sich reden, der zu früh aus der Narkose erwachte und mit seinen Hauern fast den Tierarzt entmannt hätte. Und 1992 trat ein Hausschwein-Rekonvaleszent namens „Elvira“ sogar mehrmals abendlich auf einer Theaterbühne auf – in einer Szene mit dem Titel „Es ist wieder kein Schwein da“, die während eines Futurismus-Theaterspektakels im Sprengel Museum gezeigt wurde.

Welches hannoversche Gebäude hatte bereits mehr als fünf Standorte, nicht nur in Hannover?

A
ein Kiosk, derzeit am Steintor, er stand unter anderem auch schon in Kleefeld

B
die Windmühle im Hermann-Löns-Park, sie stand unter anderem auch schon in der Stadtmitte

C
ein Uni-Institut aus Containern, es stand unter anderem auch schon auf dem Lindener und auf dem Kronsberg

D
das städtische Krematorium, das wegen Wohnungsbauvorhaben mehrfach umziehen musste

B

Die Bockwindmühle im Hermann-Löns-Park hat dort bereits ihren siebenten (!) Standort. Zuerst stand sie ab 1580 am „Himmelreich“ (heute Friedrichswall/Ecke Karmarschstraße). 1701 wurde sie auf das damalige „Bärenrondell“ (Friedrichswall/ Ecke Georgswall) versetzt. Hier musste sie der Stadt-Erweiterung weichen und wurde 1748 auf die so genannte Sparrenberg-Bastion umgesetzt. Ihren dortigen Platz nimmt seit 1852 das Opernhaus ein. 1845 wurde die Windmühle abgetragen und zog auf den Emmerberg (heute Meterstraße 4). 1863 ging es weiter zum Engesohder Berg, wo sie aber bald dem Friedhof im Weg war. 1872 wanderte die Bokwindmühle nach Hohnebostel (Kreis Celle). 1938 wurde sie in den Lönspark geholt. Natürlich wurden bei jedem „Umzug“ Bauteile erneuert.

Auch die angrenzenden Gebäude wie das Restaurant „Alte Mühle“ waren schon im Lande unterwegs. Das niedersächsische Hallenhaus von 1720 wurde 1938 aus Wettmar nach Hannover geholt, der nebenstehende Speicher stammt aus Eystrup (1637), das Vereinsheim der nahen Kleingärten immerhin noch aus dem Stadtteil Burg – wo es einst Teehäuschen des ehemaligen Rittergutes war.

Übrigens: Die beiden anderen Windmühlen im Stadtgebiet von Hannover sind die Buchholzer Windmühle am Mittellandkanal und die Anderter Mühle am Kronsberg. Beide sind allerdings sogenannte „Holländer-Windmühlen“ mit beweglicher Haube.

Wer wurde am 15. Juni 1972 in Langenhagen verhaftet?

A
Bürgermeister Bernd Strauch

B
Kneipier Günther Bohnecke

C
Terroristin Ulrike Meinhof

D
Kabarettist Dietrich Kittner

C

Ulrike Meinhof war damals als RAF-Terroristin die meistgesuchte Frau des Landes. Sie wollte sich für einige Tage im Haus des Lehrers Fritz Rodewald an der Walsroder Straße verstecken, der Kontakt war über eine dritte Person hergestellt worden, Rodewald ahnte nicht, wen er da bei sich aufnehmen sollte. „Wir hatten aber das Prinzip der offenen Tür", erklärte er später. Rodewald war Teil eines Netzwerkes, das amerikanische Deserteure nach Schweden schleuste.

Aber schon in der ersten Nacht hatte Rodewald den Verdacht, dass die Fremde in seinem Haus zur RAF gehören könnte – und ging zur Polizei. In der Folge war Rodewald für die einen ein RAF-Sympathisant, für die anderen ein Verräter.

Übrigens: Bernd Strauch war zu dieser Zeit nur jeweils am 1. Mai „auffällig" – dann spielte er Schlagzeug bei der Band „Emil Fernando und die Barrikadenbauer". Und Günther Bohnecke wurde 1967 zwar auf dem Lindener Markt lauthals beschimpft, weil er sich im Minirock zeigte, während Dietrich Kittner auf dem Flohmarkt faule Eier für Würfe auf ein Schah-Foto feilbot – verhaftet aber wurden alle drei nicht!

Welche „Viktoria" war in Hannover Zeugin eines Großspektakels mit mehreren zehntausend Menschen?

A
die englische Monarchin Victoria (1819-1901)

B
Spice Girl und Fußballerbraut Victoria Beckham

C
die Siegesgöttin auf der Waterloosäule

D
die „Welfen-Oma" Viktoria Luise, Herzogin zu Braunschweig-Lüneburg, Prinzessin von Hannover, Königliche Prinzessin von Großbritannien und Irland, Prinzessin von Preußen (1892–1980)

C

Viktoria, „die Siegerin“ auf der Waterloosäule blickte während der Fußballweltmeisterschaft 2006 auf viele tausend Fans auf dem Waterlooplatz, die hier die Spiele auf einer Großbildleinwand verfolgten.

Der Waterlooplatz ist der ehemalige Exerzierplatz des Königlich hannoverschen Militärs. Ein Denkmal sollte an die Schlacht von Waterloo erinnern und das Ende der Befreiungskriege gegen Napoleon würdigen. Der Baumeister Ludwig Friedrich Laves gewann den Wettbewerb, er hatte die Idee zu einer Säule, die entsprechend den Vorstellungen der Militärs und den Ausmaßen des Platzes stolze 46,7 Meter in die Höhe wuchs. Eingeweiht wurde sie 1832. Seitdem thront Viktoria über dem Waterlooplatz. Beim Fan-Fest am 7. Juni 2006 kamen 35.000 Zuschauer und statt militärischer Märsche gab es die Skorpions, Fury in the Slaughterhouse, Mousse T. und Heinz Rudolf Kunze zu hören.

Auf den 196 Stufen der Säule drängelten sich vor allem Journalisten und Kamerateams, um die besten Bilder vom Fan-Fest zu schießen. Und fünfmal drang dabei auch der Jubel vom Stadion herüber, als Italien gegen Ghana, Mexiko gegen Angola, Costa Rica gegen Polen, die Schweiz gegen Südkorea und Spanien gegen Frankreich spielte.

Übrigens: Der hannoversche Künstler Leiv W. Donnan plante bei den Feierlichkeiten zum 200sten Jahrestag der Französischen Revolution, die Waterloosäule symbolisch „abzufackeln“. Das Projekt wurde nicht in die Tat umgesetzt.

Wie viel Liter Farbe werden für jede Erneuerung des Roten Fadens benötigt?

A
jede Woche werden Einzelabschnitte mit sieben Litern neu gemalt

B
einmal jährlich wird der Faden mit 70 Litern nachgefärbt

C
alle zwei Jahre sind 270 Liter fällig

D
700 Liter, aus Kostengründen aber nur alle fünf Jahre, jeweils vor den Kommunalwahlen

B

Jedes Jahr wird mit dem Einsatz von knapp 70 Litern Farbe der komplette Rote Faden nachgefärbt. Er führt auf einer Länge von 4,2 Kilometer, direkt aufs Pflaster gemalt, seit 1970 als Ring durch die Innenstadt. An derzeit 36 Stellen sind Kreise mit darin stehenden Ziffern aufgemalt. Sie weisen auf Hannovers Sehenswürdigkeiten hin, die in einer Begleitbroschüre (in zehn Sprachen erhältlich) kurz beschrieben sind. Im Heft endet der Rote Faden mit Sehenswürdigkeit Nummer 36, dem Schwanz des Pferdes vom Ernst-August-Denkmal vor dem Hauptbahnhof. Der hatte früher Faden-Nummer 47. Das liegt daran, dass in den ersten Jahren des Roten Fadens jeder der zwölf Musensöhne am Giebel des Opernhauses einen eigenen Punkt hatte. Heute erfährt der Wanderer nun nicht mehr, dass es, von links nach rechts gesehen, Sophokles, Goldoni, Shakespeare, Lessing, Schiller, Goethe, Mozart, Beethoven, Weber, Calderón, Molière und Terenz sind.
Übrigens: Die Erstausgabe des Heftes zum Roten Faden hat nach Vorgaben des städtischen „Verkehrsdirektors" Hans von Gösseln auch Harry Rowohlt getextet! Und damals war das Heft auch noch rot, heute ist es blaugrau.

Welcher hannoversche Musiker fuhr 1982 mit seinem Motorroller zu Verwandten?

A
Peter Panka, der seinem Patenonkel persönlich die neueste LP von Jane vorbeibrachte

B
Winnie Martin, der seinen Cousin auf dem Land besuchte

C
der „singende Krankenpfleger“ Wolf-Georg Evers, der eine Oma in Peine hatte

D
Klaus Meine, der sich zusammen mit Frank Bornemann von Eloy eine Vespa gekauft hatte

B

Der Musiker Winnie Martin. Martin landete mit seinem „Lambretta-Song“ einen Neue-Deutsche-Welle-Hit, die Refrainzeile hieß in bestem Hannöversch:

„Ich fuhr mit meiner Lambretta / raus nach meinem Vetter / wo die blauen Kornblumen blühen.“

Martin war Gitarrist bei verschiedenen Bands, bevor er 1979 zur Bourbon Skiffle Company wechselte, die mit dem von ihm komponierten deutschsprachigen Song „Giff mi Kalk“ bei Dieter Thomas Heck in der „Hitparade“ landete. 1982 ging Martin zur „High Life Skiffle Company“. Für sie schrieb er – wie er selber sagte – in fünf Minuten den „Lambretta-Gassenhauer“, der prompt die vordersten Plätze der Radio-Hitparaden eroberte. Auch die folgenden Titel „Jetzt bügeln wir das Meer“ und „Hey, hey, Marlene, reich mir mal die Creme“ brachten Radio-Platzierungen und Fernsehauftritte. Heute unterstützt Winnie Martin die britische Band von Mungo Jerry als Gitarrist bei Aufnahmen im Studio. Andere neue hannoversche Bands aus den 80er Jahren waren „Mythen in Tüten“, „Steinwolke“ und „Bärchen & die Milchbubis“ sowie die Punkbands „Hans-A-Plast“, „Rotzkotz“ und „Abstürzende Brieftauben“.

Übrigens: Eine „Lambretta“ ist ein italienischer Motorroller, der als Lizenz für Deutschland von NSU gebaut wurde. Aber soweit bekannt ist, haben Klaus Meine und Frank Bornemann niemals zusammen einen Motorroller gehabt, weder eine Vespa noch eine Lambretta!

Aus welchem Grund wurde im Sommer 1967 der Georgsplatz dreimal täglich mit Desinfektionsmitteln gesäubert?

A
um der Marienkäfer-Plage Herr zu werden, die Hannover damals heimsuchte

B
um ein neues Mittel zu erproben, das den Moosbewuchs zwischen den Gehwegplatten verhindern sollte

C
um die Gammler zu vertreiben, die sich den Georgsplatz als Treffpunkt und Bleibe ausgesucht hatten

D
um mehrere hundert Liter flüssiger Schokolade wegzuspülen, die aus dem Kühlraum bei „Trüffel-Güse" ausgelaufen waren

C

Um die Gammler zu vertreiben! Nachdem eine „Säuberungsaktion“ durch einen Wasserwagen des Fuhramtes nichts genützt hatte, wurde „ein intensiv wirkendes und riechendes Desinfektionsmittel“ eingesetzt, bis Bänke und Steinborde wieder „blitzblank“ waren. Die Vertreibung der Gammler wurde dabei laut Berichterstattung in der HAZ „von einigen hundert braven Bürgern“ mit Beifall und spöttischen Rufen bedacht.

Den Georgsplatz gibt es schon seit 1787. 1822 erhielten der Platz und die anschließende Straße ihre Namen nach König Georg III., der für jeden Neubau an der Georgstraße eine Beihilfe von 500 Talern zusicherte.

Gammler ist eine abfällige, beleidigende Bezeichnung für faule, arbeitsunwillige, meist obdachlose Personen. In den 1960er Jahren aber wurden vor allem die Hippies als Gammler bezeichnet, laut dem Spiegel „kreierten sie die langsamste Jugendbewegung aller Zeiten: den Müßiggang.“ Dabei handelte es sich um 800 bis 1.000 junge Leute in ganz Deutschland, die seit 1965 auf öffentlichen Plätzen großer Städte passiv zum Ausdruck brachten, dass sie von bürgerlichen Tugenden wie Fleiß, Karriere und Ordnungsliebe nicht viel hielten. Der damalige Bundeskanzler Ludwig Erhard erklärte dazu: „Ich werde alles tun, um dieses Unwesen zu zerstören.“

Übrigens: Im Gammlerjargon hieß der Georgsplatz „Georgie“ (sprich Dschordschie). Und ein weiterer beliebter Treffpunkt der Gammler war der Maschpark hinter dem Neuen Rathaus.

Was passierte zwei Monate nach Ende des Zweiten Weltkrieges im Galeriegebäude Herrenhausen?

A

Aufgebrachte Bürger knüpften den letzten NS-Gauleiter am Dachbalken auf

B

Das Prinzenhaus ließ als Start des Wiederaufbaues der Stadt Hannover die ersten neuen Glasfenster einsetzen

C

Es fand die erste deutsche Opernvorstellung der Nachkriegszeit statt

D

Die Hanomag feierte mit einem Gala-Diner die Wiederaufnahme der Produktion

C

Am 11. Juli 1945 fand im provisorisch wieder hergerichteten Galeriegebäude Herrenhausen die erste deutsche Opernvorstellung der Nachkriegszeit statt. Gegeben wurden „Cavalleria rusticana“ und „Bajazzo“. Während das Kriegsende in Deutschland auf den 8. Mai 1945 datiert, war in Hannover bereits am 10. April 1945 mit der Übergabe der Stadt an die Amerikaner der Krieg zu Ende. Am 1. Juli 1945 schon spielte im Herrenhäuser Galeriegebäude das Opernhaus-Orchester. Es bot ein Sinfoniekonzert für die Bevölkerung. Das Opernhaus selbst war im Juli 1943 schwer zerstört worden und ausgebrannt.

Das Opernhaus-Orchester war Nachfolger des „Gau-Kriegsorchesters“, in dem zwischen 1944 und Kriegsende nicht dienstverpflichtete Musiker spielten, nachdem reichsweit zum 1. September 1944 sämtliche Theater geschlossen worden waren.

Übrigens: Die Hanomag hatte ihre Produktion am 10. Juli 1945 wieder aufgenommen, also am Tag vor der Opernaufführung. Einen Zusammenhang gibt es nicht. NSDAP-Gauleiter Hartmut Lauterbacher wurde bereits am 11. April 1945 in Kärnten festgenommen.

Was sorgte im Dezember 2007 in Hannover für vorweihnachtliche Aufregung?

A
ein gezeichneter Adventskalender

B
ein vom Kröpcke entwendeter städtischer Weihnachtsbaum

C
stark verdünnter Glühwein auf dem Weihnachtsmarkt

D
ein als Weihnachtsmann verkleideter Bürgermeister

A

Der gezeichnete Hannover-Adventskalender 2007 zeigte 34 auf seiner Rückseite genauer benannte Personen und Gegenstände aus der Stadtgeschichte. Darunter mit der Nummer 20 auch Fritz Haarmann, der Mörder mit dem „Hackebeilchen“. Illustrator Thorsten Wilkens hatte ihn recht unscheinbar hinter einem Baum am Leineufer hervorschauen lassen, das bekannte Beil in der linken Hand. Kurz nach dem Verkaufsstart legte ein Sturm der Entrüstung los, durch örtliche Medien eher angefacht als gebremst. Darf ein Mörder einen Adventskalender schmücken? Hier künstlerische Freiheit, dort mehr oder weniger ehrliche Betroffenheit. Die Hannover Tourismus Gesellschaft (HTG) jedenfalls stellte den Kalenderverkauf umgehend ein, im Buchhandel war er weiter erhältlich. Im Internet auch, zu erhöhten Preisen und als „Skandal-Kalender“ bezeichnet. Prompt stieg die Nachfrage sprunghaft an, der Kalender avancierte zum Sammlerobjekt, innerhalb weniger Tage war die verbliebene Auflage restlos verkauft.
Übrigens: Auch auf dem Hannover-Kalender von 2006 war Haarmann samt Beil dabei, er lehnte sogar direkt in der Bildmitte an der Kröpcke-Uhr! Allerdings war er 2006 nicht namentlich bezeichnet – und somit wohl von kaum einem Hannoveraner identifiziert worden.

Woraus bestand das Essen zur Einweihung des Neuen Rathauses am 21. Juni 1913?

A
aus Mettbrötchen und Lindener Bier

B
aus einem mehrgängigen Festmenü

C
aus Weishäupls Weißwurst mit süßem Senf

D
aus Kaiserschmarrn mit heißen Kirschen

B

Das mehrgängige Festmenü zur Rathauseinweihung liest sich auch heute noch beeindruckend. Die Menüfolge begann mit doppelter Kraftbrühe nach Beaufort, gefolgt von Zungen und Briesen in Blätterteig, Ostender Steinbutt mit Maximilian-Tunke, Rehrücken mit neuen Erbsen und Bohnen, Hummer mit Butter und Griebisch-Sauce (eine Soße aus Kapern, Eiern, Lauch und Petersilie), Metzer Masthuhn im Topf, dazu gemischter Salat und frische Edelpilze in Sahne. Drei Leckereien schlossen die Karte: Eisspeise auf Ratsherren-Art sowie Käse und Früchte. Dazu gereicht wurden sechs verschiedene Weine und der Sekt Deinhard Cabinet.

Übrigens: Frisches Mett wird in Hannover gelegentlich „Maurermarmelade“ genannt, wegen der angeblichen Vorliebe vieler Handwerker für Mettbrötchen. Oder man sagt einfach „Raspelschwein“. Und Weishäupl war der Name einer traditionsreichen hannoverschen Fleischerei bayerischer Herkunft, die schon früh Filialen in vielen Stadtteilen hatte. Tatsächlich kam zur Einweihung des Neuen Rathauses auch der deutsche Kaiser Wilhelm II nach Hannover und erhielt von Stadtdirektor Tramm betreffs der Finanzierung des Prachtbaus die stolze Meldung: „Alles bar bezahlt, Majestät!“. Von Kaiserschmarrn ist in diesem Zusammenhang allerdings nichts bekannt.

Wieviele Ratssitzungen hat Hannovers dienst-ältester Bürgermeister Herbert Schmalstieg versäumt?

A
keine einzige

B
jedes Jahr eine wegen Grippe

C
mehrere wegen anderer repräsentativer Verpflichtungen

D
Herbert Schmalstieg hat nie an einer Ratssitzung teilgenommen

A

Herbert Schmalstieg war nicht nur 34 Jahre lang Oberbürgermeister der Stadt Hannover, sondern hat von den 415 Ratssitzungen, die in dieser Zeit abgehalten wurden, keine einzige versäumt. Natürlich war es seine Pflicht, als Oberbürgermeister an den Ratssitzungen teilzunehmen, und sein Büro achtete genau darauf, dass keine anderen Verpflichtungen zur selben Zeit anlagen. Außerdem war Schmalstieg von einer robusten Gesundheit und keine Erkältung hielt ihn von einer Sitzung ab. Während der letzten Sitzung seiner Amtszeit am Donnerstag, 26. Oktober 2006 verabschiedete sich Schmalstieg mit einer einstündigen Rede von 64 Ratsmitgliedern, den Stadtdezernenten und vielen, vielen Besuchern mit den Worten: „Ich bleibe, was ich bin. Ein Hannoveraner."

Schmalstieg verzichtete in der letzten Sitzung darauf, sich einen alten Traum zu erfüllen, nämlich einmal eine Rede zu halten wie August Bebel auf dem Parteitag der SPD 1899, als er acht Stunden lang auf die Delegierten einredete. Die Anwesenden haben es Schmalstieg sicher gedankt, dass er sich kürzer fasste.

Übrigens: Es ist leider nicht zu erfahren, ob es auch Sitzungen gab, die er gerne „geschwänzt" hatte, wenn er Rathaus, Büro und Ratssaal einfach nicht mehr sehen konnte und lieber mit seiner Frau Heidi Merk auf einer spanischen Mittelmeerinsel Urlaub gemacht hätte.

Welche hannoversche Großfamilie setzte sich in den 1970er Jahren ein musikalisches Denkmal mit einer selbst eingespielten Schallplatte?

A
die Familie des damaligen Ministerpräsidenten von Niedersachsen Dr. Ernst Albrecht

B
die Familie von Scorpions-Rocker Rudolf Schenker

C
die Familie von Oberbürgermeister Herbert Schmalstieg

D
die Kelly-Family

A

Die Ariola Single Nr. 15588AT trug den Titel „Wohl auf in Gottes schöne Welt", auf der B-Seite fand sich das Löns-Lied „Alle Birken grünen in Moor und Heid". Dr. Ernst Albrecht spielte eigenhändig Gitarre, Ehefrau Heide Adele und vier seiner Kinder unterstützten ihn beim Gesang, den Rest besorgten gefühlvolle Geigensätze aus dem Studio. Auf dem Cover-Foto ist Albrecht im Kreis seiner Lieben abgebildet, ganz links steht Tochter Ursula (spätere von der Leyen), ganz rechts steht Sohn Barthold. Schnell wurde ihnen dafür der Spottname „Trapp-Familie" gegeben („Die Trapp-Familie" war einer der erfolgreichsten deutschen Heimatfilme der 1950er Jahre!).

Sohn Barthold machte 1986 noch mal von sich reden, als er die damals noch eher unbekannten „Toten Hosen" zu Albrechts nach Hause in Beinhorn bei Kirchhorst einlud, um mit den Punkmusikern eine ordentliche Party zu feiern. Es heißt, Barthold hätte seine Eltern an diesem Abend vorsorglich ins Theater nach Hannover geschickt – und als sie zurückkamen, war mehr als nur ein Erinnerungsteller von Papa Ernst zu Bruch gegangen! Bereits ein Jahr zuvor hatte Albrecht junior unter der Regie von Drafi Deutscher eine eigene Synthi-Pop-LP aufgenommen, „Die Zeit ist reif". Die erste Zeile hieß: „Schon viel zu lang alles mitgemacht..." Die Platte wurde allerdings nie veröffentlicht.

Übrigens: Tatsächlich spielte die Kelly-Family Ende der siebziger Jahre auch in Hannover – als Straßenmusiker! Und 1979 erschien ihre erste Single „Danny Boy" bei der hannoverschen Plattenfirma Polydor.

Welcher Hannoveraner behauptete 1975, er könne keine Kunst mehr sehen?

A
der „Totalkünstler“ Timm Ulrichs

B
der damalige Kulturdezernent Prof. Dr. Karl-Ernst Bungenstab

C
Dieter Ronte, der erste Direktor des 1979 eröffneten Sprengel Museums Hannover

D
ein Galerist, der nicht genannt werden möchte

A

Der „Totalkünstler" Timm Ulrichs bildete sich selbst 1975 auf einem Plakat mit dunkler Brille, weißem Stock und Blindenarmbinde ab. Um den Hals trug er ein Pappschild mit der Aufschrift: ICH KANN KEINE KUNST MEHR SEHEN.

Ulrichs wurde 1940 in Berlin geboren, studierte von 1959 bis 1966 Architektur in Hannover und war von 1972 bis 2005 Professor an der Kunstakademie in Münster. 1977 war er ausstellender Künstler der documenta. Bereits 1959 gründete er in Hannover die „Werbezentrale für Totalkunst & Banalismus" und erklärte sich selbst 1961 zum „ersten lebenden Kunstwerk". Seine geistigen Vorbilder sind Kurt Schwitters und die Dadaisten. „Künstler wird man durch Entschluss, nicht durch Talent" – Ulrichs selber malt nicht, zeichnet nicht, modelliert nicht, seine Ideen realisiert er ausschließlich in Zusammenarbeit mit anderen. Neben seiner Wortkunst („Am Anfang war das Wort am") ist es immer wieder die eigene Person, die er mit allen Mitteln und Methoden untersucht, sein bereits aufgestellter Grabstein trägt die Inschrift: „Denken Sie immer daran, mich zu vergessen."

Übrigens: Ulrichs ist sich sicher, dass er weltberühmt hätte werden können, wäre er nicht „in diesem Kaff Hannover" geblieben. Seinen täglichen Kaffee trinkt er in einem Straßencafé am Weißekreuzplatz.

Über die Autoren

Ulrike Gerold wurde 1956 in der Nähe von Hannover geboren, studierte Germanistik, Theaterwissenschaften und Kunstgeschichte an der FU Berlin und arbeitete als Produktions- und Öffentlichkeits-Dramaturgin an verschiedenen Theatern in Hannover und Hildesheim. 2003 hat sie für den Theaterroman „Irgendwo woanders" gemeinsam mit Wolfram Hänel den Friedrich-Gerstäcker-Preis erhalten, heute schreibt sie vor allem Sachbücher.

Wolfram Hänel wurde 1956 in Fulda geboren und lebt seit 1959 in Hannover. Er studierte Deutsch und Englisch und arbeitete unter anderem an der Landesbühne und der Theaterwerkstatt Hannover. Seit 1987 sind mehr als 80 Bücher von ihm erschienen, die in insgesamt 16 Sprachen übersetzt wurden. Für seine schriftstellerische Tätigkeit wurde er 2001 mit dem Kurt-Morawietz-Literaturpreis der Stadt Hannover ausgezeichnet.

Zu Hänels bekanntesten Büchern gehören der Bilderbuch-Klassiker „Ein Huhn haut ab“ (Parabel/Beltz), das Kinderbuch „Robbie will wieder nach Hause“ (Random House), die Jugendromane „Hilfe, mein Vater ist Pirat!“ (Random House), „Die wilden Ponys von Dublin“ (Beltz) und „Alk – Außer Kontrolle“ (Arena) sowie die alljährlich erscheinenden Adventskalender-Weihnachtskrimis bei cbj/Random House. Unter dem Pseudonym Kurt Appaz ist bei Ullstein der Erwachsenen-Roman „1975“ erschienen.

Wolfram Hänel und Ulrike Gerold leben und arbeiten zusammen in Hannover, mehr über die Autoren und ihre Bücher unter www.haenel-buecher.de.

Achim Uhlenhut wurde 1965 in Hannover geboren. Er studierte Maschinenbau sowie Politik und Geschichte, seit 1991 arbeitet er als freier Journalist mit den Spezialgebieten Verkehr und Stadtgeschichte.

Christian Flemes –
das kleine Buch der HANNOVERSCHEN MUNDART

Wo man singt, da laß dich ruhig nieder, sä de Dewel, do sette hei seck mit'n Aas in'n Immenswarm. (…, sagte der Teufel, da setzte er sich mit dem Hintern in einen Bienenschwarm.)
Solcher herzhaften Sprache und solchem hintergründigen Humor begegnet man in der Sammlung des hannoverschen Schriftstellers Christian Flemes. Ein lustiges und nachdenkliches kulturhistorisches Dokument!

Inklusive Mini CD gelesen von Friedrich Wilhelm Netzel

ISBN 978-3-923976-47-8
Verlag Leuenhagen & Paris

€ 9,95

Wilhelm Hauschild – Hannover, ein Bildband

Der Beruf war sein einziges Hobby, und Urlaub hat er sich nie gegönnt. Der Fotograf und Bildreporter Wilhelm Hauschild war ein Original im besten Sinne und einer der bekanntesten Hannoveraner. Denn länger als ein halbes Jahrhundert, von 1928 bis zum April 1983, als er während eines Fototermins starb, trat er bei jedem Ereignis in Erscheinung, das wichtig genug war, in der Zeitung abgebildet zu werden. So liefert Wilhelm Hauschilds Werk eine zeitgeschichtliche Bildchronik, die für Alt und Jung aufschlussreich ist. Der älteren Generation bietet sie Erinnerungen an die selbst erlebte Vergangenheit, jüngeren Menschen zeigt sie interessante Beispiele aus der Entwicklung Hannovers über weite Strecken des vorigen Jahrhunderts.

3. Neubearbeitete und erweiterte Neuauflage

ISBN 978-3-923976-37-9
Verlag Leuenhagen & Paris

€ 19,90